中原淳一エッセイ画集
しあわせの花束

中原淳一

平凡社

CONTENTS

1940年「きものノ絵本」より

はじめに

中原淳一という名前から、多くの人は瞳の大きな少女の絵を思い浮かべることと思いますが、淳一が残したものは絵だけではありません。一方で、読者である女性や若者たちに向けて、たくさんの語りかけをしているのです。

それは、日々の生活の中でのおしゃれや暮らしの工夫、気持ちの持ち方、言葉づかいなど、女性として、人間としての生きる姿勢を具体的な提案を交えて優しい言葉で説いたもので、淳一の雑誌を読んで育ったことで自分の精神世界が形づくられたと語る女性は少なくありません。

中原淳一は、絵によっても文章によっても、同じメッセージを送り続けていたのではないでしょうか。

二十一世紀を前に、淳一の没後十七年を迎えるいま、その言葉を一冊にまとめてほしいという沢山の方々からの熱いエールによって、この本は生まれました。

「しあわせになりたい」と願う気持ちは、どんなに時代が移り変わろうとも、変わることはありません。ここに収録したものは淳一が残した絵と言葉のほんの一部にすぎませんが、私たちが「しあわせになりたい」と願う時、大切なことは何なのか、この本の中からその答えがきっとみつかることと思います。

絵と言葉
の
美術館

美しいものには出来るだけふれるようにしましょう。美しいものにふれることであなたも美しさを増しているのですから。

中原淳一

「美しくなりたいと思う心を大切に」

「美しくなる」ということは、必要以上に濃い化粧をしたり、身分不相応にお金をかけたものを着ることでもありません。

自分の欠点、つまり醜いところを目立たせないようにすることです。それは自分のためだけではなくて、むしろ、相手に不快な感じを与えないために補うということだともいえます。だから誰もがもっと熱心にそのことを考えなければならないと思うのです。

―1971年「女の部屋」5号

「きものノ絵本」裏表紙　1940年

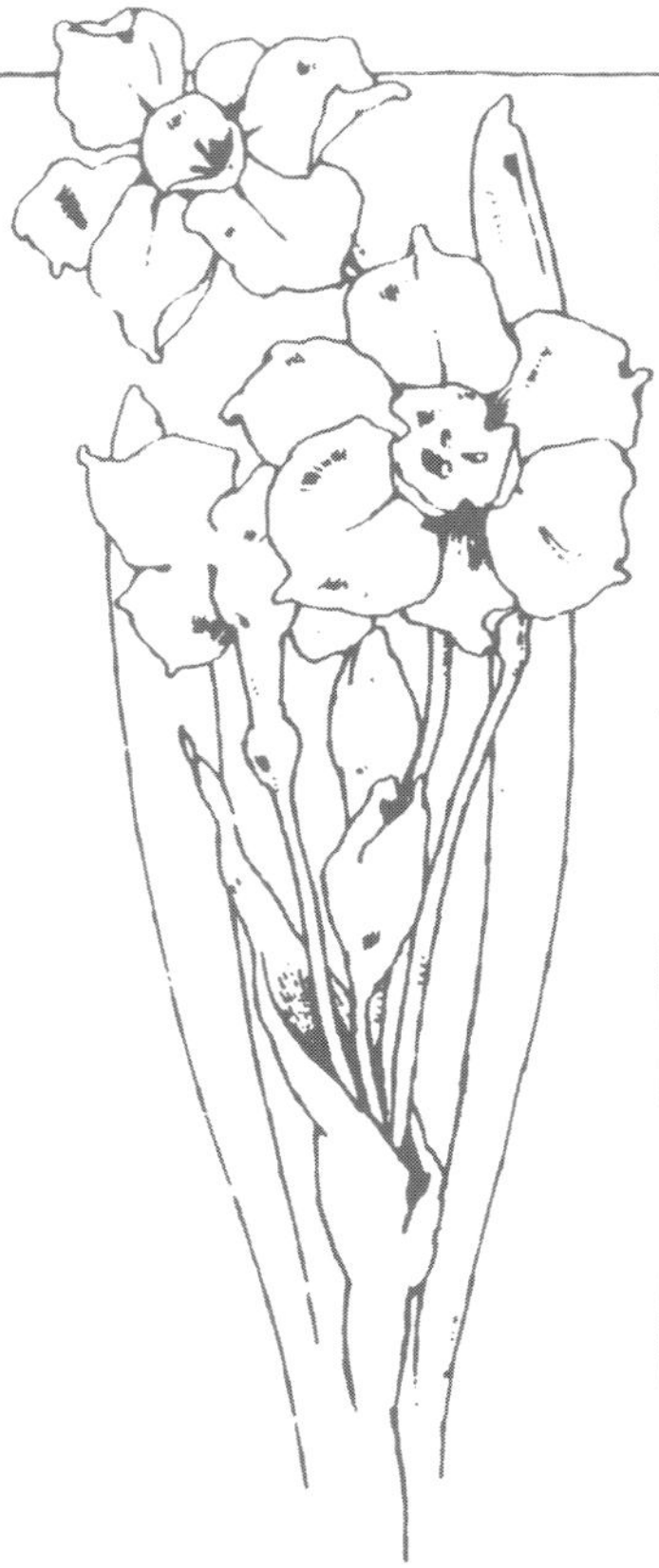

「美しくなりたいと思う心を大切に」

美しくなりたい、と思う心は、街を歩いていて「美人だナ」と皆に振りむいてもらうためではなくて、自分自身の心のためにこそあるのではないでしょうか。

「自分は美しいんだ」と思えたら、また「自分はそれほど醜くはない」と思えたなら、それは楽しい心になれることであり、いつも楽しい心であれば、自然とあなたの表情も明るいでしょう。そして、自信が持てる、ということは、その態度にもいじけたところがなくて、結局その人の持っている「良さ」とか「美しさ」を最大限に見せているのだから「美しい人だナ」とか「可愛い人だ」とか「感じの良い人」という印象を人の心に残すことになるのです。

「美しくなる」ということは、必要以上に濃い化粧をしたり、身分不相応にお金をかけたものを着ることでもありません。

自分の欠点、つまり醜いところを目立たせないようにすることです。それは自分のためだけではなくて、むしろ、相手に不快な感じを与えないために補うということだともいえます。だから誰もがもっと熱心にそのことを考えなければならないと思うのです。

日本中の人が、昨日より今日の方が少しでも美しくなったとしたら、日本は昨日より今日の方がより美しい国になるわけです。そして、今日よりも明日がもっと美しくなれたら、日本中はまたずっと素晴らしい、美しい国になるでしょう。
日本中の女性——といっても、実はあなたがた一人一人が、自分をもっと美しく、と考え、ほんの少しでも努力して心がけていけば結局はそれが日本を美しい国にすることになるのです。

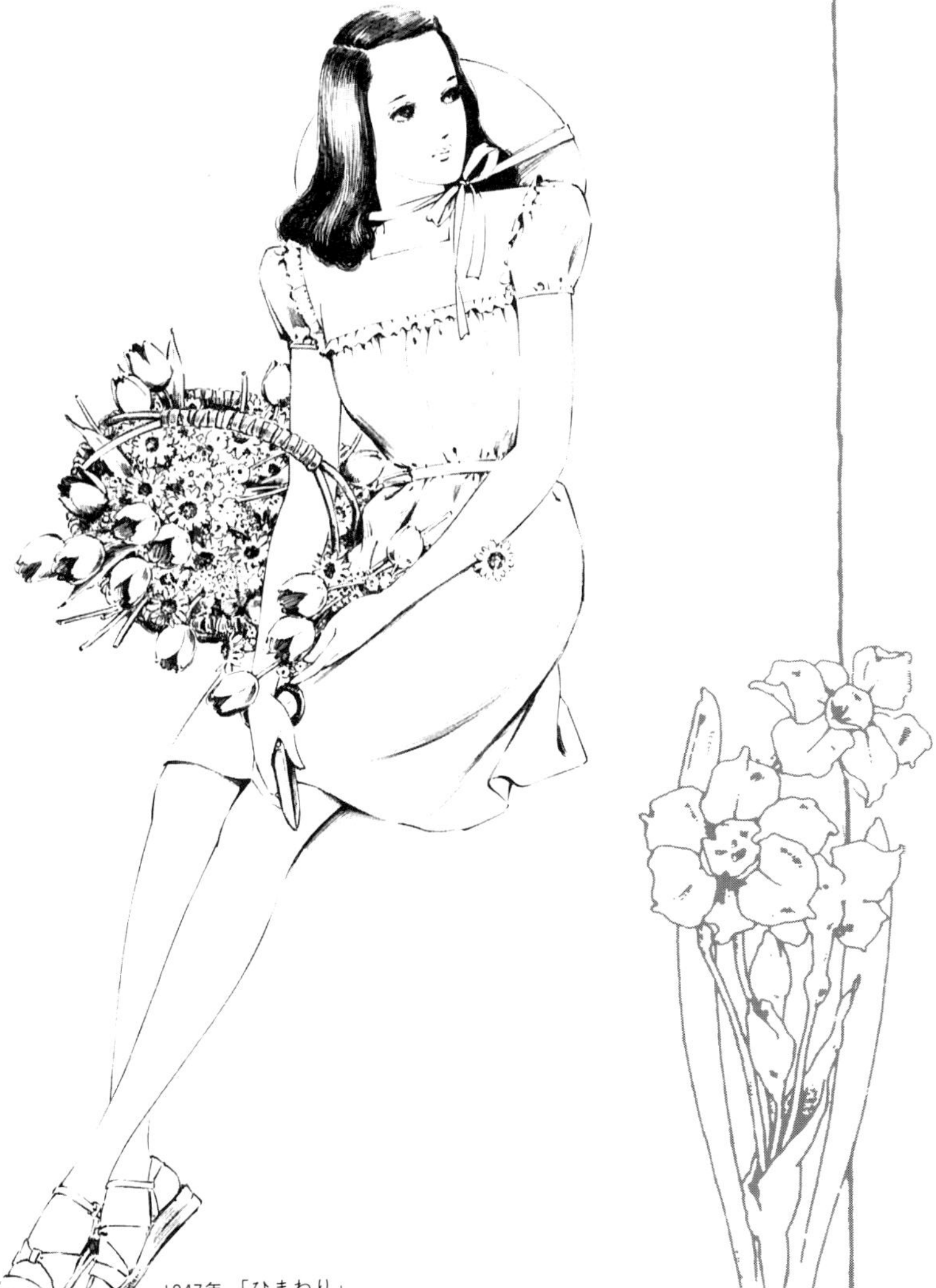

1947年「ひまわり」

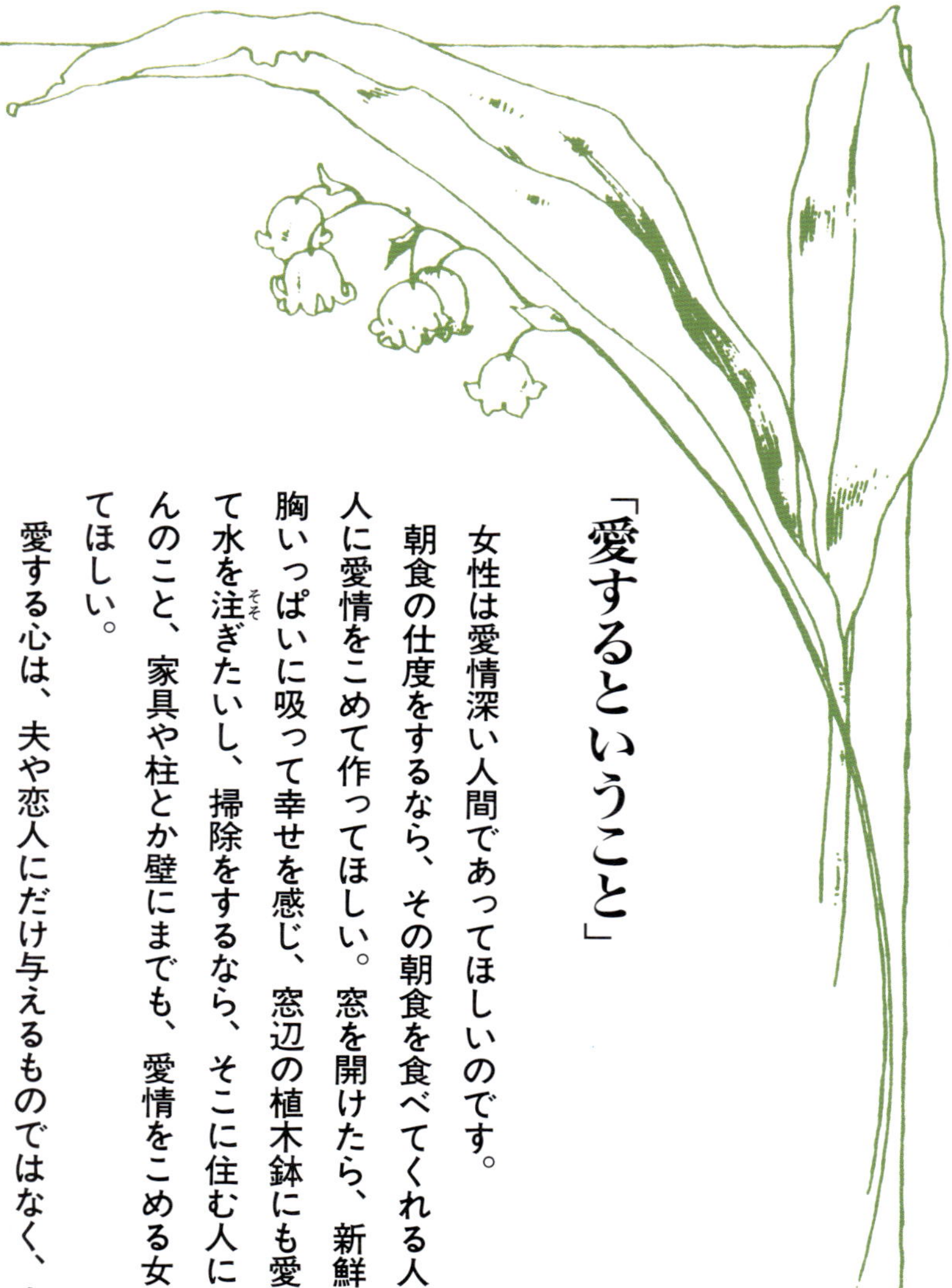

「愛するということ」

女性は愛情深い人間であってほしいのです。

朝食の仕度をするなら、その朝食を食べてくれる人の一人一人に愛情をこめて作ってほしい。窓を開けたら、新鮮な空気を胸いっぱいに吸って幸せを感じ、窓辺の植木鉢にも愛情をこめて水を注《そそ》ぎたいし、掃除をするなら、そこに住む人にはもちろんのこと、家具や柱とか壁にまでも、愛情をこめる女性であってほしい。

愛する心は、夫や恋人にだけ与えるものではなく、すべてのものに愛情深くあってほしいのです。

1970年「女の部屋」3号

ある晴れたる日

「愛するということ」

愛とは何でしょう。愛とは、まるでセックスの代名詞のように使われ、愛という言葉が安っぽく巷《ちまた》に氾濫《はんらん》しているようなこのごろです。また愛というと、それはレンアイの愛のこと、つまり男女が恋したり、愛したりすることを、すぐ頭に浮かべるようですが、恋愛と愛とは別のもので、恋愛はその中の一種だともいえるのではないでしょうか。

女性は愛情深い人間であってほしいのです。恋人や夫や、また子供をどんなに深く愛しているといっても、それだけで愛情深い女性といえるでしょうか。

朝、目が覚めたら、さっそく目まぐるしい一日が始まります。雑用に追われていても、その生活のすべてに愛情をこめた一日であってほしいのです。

朝食の仕度をするなら、その朝食を食べてくれる人の一人一人に愛情をこめて作ってほしい。窓を

開けたら、新鮮な空気を胸いっぱいに吸って幸せを感じ、窓辺の植木鉢にも愛情をこめて水を注《そそ》ぎたいし、掃除をするなら、そこに住む人にはもちろんのこと、家具や柱とか壁にまでも、愛情をこめる女性であってほしい。

また外で働く女性は、たとえばタイプを打つ時には、その一字一字に愛情をこめ、お茶をくむ人は、そそぐお茶が職場でどんな役割をしているかを考えて、深い愛情のうちにお茶をくんでほしいのです。まっ白になった洗濯ものを、とりこむ時にも、その幸せと愛情を胸いっぱいにふくらませ、鏡に向かって髪をかきあげる時も、夫や職場の人に会う時も、快いものを与えたい、と愛情をこめて……。

愛する心は、夫や恋人にだけ与えるものではなく、すべてのものに愛情深くあってほしいのです。

世の中がめまぐるしく変化して、どんなにメカニックになっていっても「そんな悠長《ゆうちょう》なことはいっていられない」などといわないでください。

生きている限り「愛情深い女性」「愛するということ」を知っている女性が必要でなくなることはないはずです。

「微笑」

「微笑」は、何でもないようでいて、人と人とが交わっていく上に大切なものです。

美しい少女が、きどってすましているのよりも、そんなに美しくなくても、明るくほほえんでいる少女の方が、私にはずっと気持ちよく美しく感じられます。また、毎日の生活をしてゆく上には、そうでなければならないでしょう。

―1950年「ひまわり」7月号

「ひまわり」表紙　1948年

「微笑」

ある日、私の古い友だちＳ氏の紹介状を持って、一人の少女が、お母さまと一緒に、私の所へたずねて来ました。

〝ちょうど、東京へ参りましたついでに、先生に一度お会いしたいと、娘が日ごろから、始終申しておりましたので〟と少女のお母さまは話されました。そしてその少女の住んでいる地方のこととか、その少女の学校生活のこととか、家に帰ればずい分お茶目だとか、お母さまは私にいろいろお話をなさいましたが、その間中、その少女は、何もいいもしなければ、何か話しかけても〝ええ〟〝いいえ〟というかわりに、首を横にふったり、縦にふったりするだけで、ろくに返事もしないし、にっこりともしませんでした。私は〝この少女は何か怒ってでもいるのだろうか？〟と心配になった程でした。

やがて、東京から帰った少女から〝先生とお会い出来て、本当に嬉しく思いました。その時は固くなってしまって、お話も出来ませんでしたが、後でもっとお話ししたかったと思いました〟とお手紙が来ました。私はそれを読んで〝ああ、それではあの少女は、怒っていたのではなかったのだ〟とわかりましたが、もしこのお手紙を私が読まなかったら、私はきっといつまでも、この少女を感じ良く思うことはなかったでしょう。この少女が、上手にお話は出来なくても、話しかけられた時や、私の話している間にでも、ちょっとほほえみを見せていたなら、私も〝怒っているのではないか？〟などと、余計な心配もしなくてすんだのに……と、その手紙を受け取る日まで、その少女のことを思い出

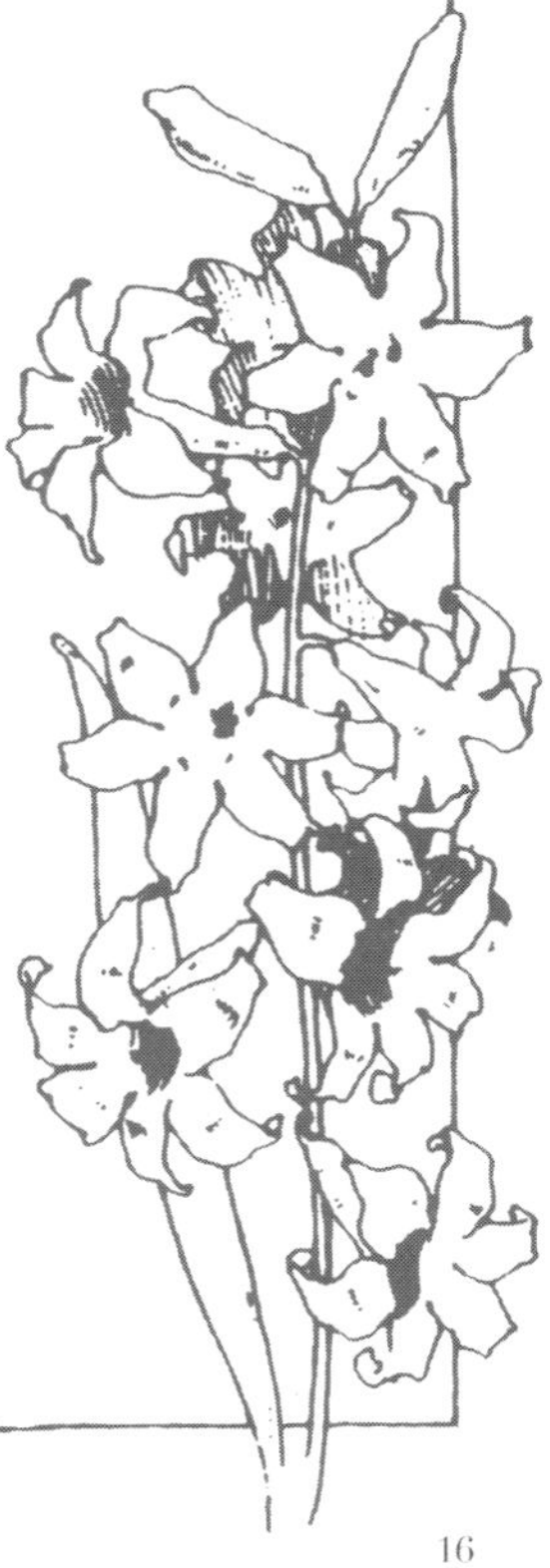

すと、いやな気持ちになっていたのを残念に思いました。

〝微笑〟は、何でもないようでいて、人と人とが交わっていく上に大切なものです。美しい少女が、きどってすましているのよりも、そんなに美しくなくても、明るくほほえんでいる少女の方が、私にはずっと気持ちよく美しく感じられます。また、毎日の生活をしてゆく上には、そうでなければならないでしょう。

少女たちは、お友だち同志では、ほとんどの人が、大人が眉をひそめる程にキャッキャッと大さわぎをします。またちょっとしたことにも笑いくずれてしまいます。しかし、これは人間が生活していく上にぜひ持っていなければならない〝微笑〟とはちがいます。また〝微笑〟は、いつでもしまりもなくニヤニヤしているのともちがいます。真面目であるべき時には、真面目な表情であっても、ちょっと人に呼びかけられたり、話しかけられたりした時には、お答えと一緒に、ニッコリと明るい微笑を浮かべることを忘れてはならないと思います。

朝の挨拶に〝お早うございます〟という時に、すましていえば、ただ言葉だけの挨拶になってしまいますが、〝微笑〟を浮かべていったら、聞いた人はその日一日を明るい心で暮らせるかもしれません。どんな時でも、明るい〝微笑〟をたたえている少女なら、その少女のことを遠くはなれて思うだけでも、晴れやかな明るい気持ちになれるでしょう。

いつも〝微笑〟を持つためには、健康で明るい気持ちを持っていなければならないことです。また、たえず〝微笑〟を持っていれば、本当に気持ちの明るく美しい、健康な少女――幸福な少女――になれるのではないでしょうか?

みなさん、いつも〝微笑〟を忘れないで下さい。

「本当におしゃれな人とは」

「おしゃれな人」とは、どんな人でしょう？

それは美しくありたいと思う心が、ことさらに強い人のことです。

どんなにお金がかけられなくても、上手に美しい効果を見せられる人は、やはり天才かもしれません。しかし、天才が努力しないよりも、むしろ天才でない人が、どうしたらほんとうに美しくなれるかを研究する方が、かえって天才を凌《しの》ぐことも多いのです。

どちらにしても、あなたが上手におしゃれをして、人の心を楽しくさせるような人になって欲しいと思います。

―1958年『あなたがもっと美しくなるために』

ひまわりブラウス広告原画　1954年

あじさい　1937年「少女の友」

「女らしさ」

ある女性が「ことさら〝女らしさ〟なんていわなくても、私自身が女なんだから、私のすることや考えることなら、何でも女らしいことになるのじゃないかしら。それでいいんだと私は思っている」といったのをきいたことがある。

自分が女であるから、女のすることならみんな「女らしい」というのなら、男であればどんな男のすることでも、みんな「男らしい」ということになるのだが、実際はそうはいかないのではないか。

私は「女らしさ」というものは、女の持っているあらゆる本質を、一番良い状態にして育てあげたものだと思う。つまり、女性が男性にくらべて感情的であるといわれているが、それがヒステリックに生《なま》のままで、相手に不快を与えるような形であれば、それは「女らしさ」とはいわないし、それを理性で押さえて、女だけの持つやさしさや、繊細な神経を持ってあらわれた場合は「女らしさ」といわれるのではないか。

女らしさを要求された場合に、女だけに背負わされた、少々大げさにいえば十字架のように思えて、女は損だという人がいるかもしれない。

しかし男は、よちよち歩きの幼いころから「男の子でしょ、だから泣くのではありません」とか「男の子でしょ、ガマンできるわね」とか「男の子だから、うんと偉くならなくちゃ」などと、どんなに数多く「男だから」といわれてきたことだろう。

そのために、男は知らず知らずのうちに、泣いてはいけない、ガマンをしよう、偉くなりたいと、人それぞれに、そう考えてきたであろう。

戦後、男女同権とか男女平等というような言葉が、誰かの手によって街に流されて、母親はいままでのように、女の子の中に女の心を育ててはいけないのではないかという錯覚にまで陥《おちい》ったようだが、男の子はやはり、男らしい男の子――に育てようとする気持ちは変わらなかったのではないか。

いつの世にも、男にも「男らしい」ことが求められているのなら、女に「女らしさ」が求められるのは当然である。

「男らしい」とは、男の良さを指していうのなら、「女らしい」とは、女だけにしか持てない良さのことをいうのではないかと私は思っている。

1970年「女の部屋」2号

「少女の友」表紙　1940年

「しあわせはその人の心の中にある」

しあわせは心の中にあるもの、つまり自分がしあわせと感じることです。どんなに身のまわりにしあわせになることが沢山あっても、もし自分で「ああ、私にはこんなにしあわせがある」と感じなかったら、それは結局どうにもならないこと、その人は決してしあわせになることは出来ないのです。しあわせになりたかったら、自分の身のまわりのしあわせを自分で感じるような人になることが一番大切だということを知って下さい。

1956年「ジュニアそれいゆ」11月号

夏の星座　1947年「ひまわり」

「小さな喜びを大切に」

大きな喜びは、そう滅多にあるものではない。そこで他から来る喜びを待つ心よりも、自分の周囲に小さな喜びを探す心、どんなわずかなことでもいいから、喜びを大切にする心が欲しい。古いオーバー地を切ってフェルト代わりに夫の雨靴に敷いた、鉛筆を削る、窓に花を飾る等、何でもいいと思う。

1950年「それいゆ」14号

過ぎた日の日記　1951年「ひまわり」

木かげ　1938年

「美しいということ」

「美しい」と「醜い」とをくらべれば「美しい」方がいいのにきまっています。

美しい心、美しい言葉、美しい住居、美しい暮らし、美しい友情、美しい動作、美しい装い、美しい人などなど。

「醜い」方が良いというのは一つもありません。だから私たちの身のまわりのすべてを美しく彩りたいものではありませんか。

「外観よりも内面だ」と、まるで外観にこだわらないことがいいことのように思う人もいるようですが、内面に美しいものを持った人が外観が美しければ、もっといいのではないでしょうか。

私たち人間が初対面の時「いい人だ」とか、「あまりいい人とは思えない」と感じる時に、外観をのぞいて内面だけで、その人を判断しているでしょうか？　いいえ、それは出来るものではありません。

「好き」とか「嫌い」というのなら、外観も当然ふくまれているでしょうが、「いい人」や「悪い人」という場合に、外観は関係ないはずです。しかし、残念ながら、どうしても人間は外観に左右されずに、ものが判断出来ないのです。「いい」とか「悪い」とか思う時には必ず、無意識のうちにその人の外観をふくめてのことになってしまうのです。

人間である以上、内面を高めなければならないのは当然ですが、だからといって外観はどうでもいいというのもゆきすぎではないでしょうか。

つまり内からにじみ出る美しさというものがあるならば、これは外観には関係なく誰もが高めなければいけないことなのです。

道ですれちがった時に「すてきだなあ」とか「カッコいい」というだけなら外観だけでいいのですが、人間が長い触れ合いを持つ場合には、外観だけでは勝負出来ません。やはり内面の美しさは、その人をより美しく光らせてみせるものです。

しかし、外観の醜い人が内面の良さを相手に感じさせる場合には、美しい人の数倍の努力が必要でしょう。「美しい」とか「醜い」とかは、美人に生まれついたかどうかで勝負をしているのではありません。

快い話し方、さわやかな笑顔、清潔な装い、趣味の良い色彩感覚、てきぱきとした身のこなし、適度なおしゃれセンス、そんなものが、必ず相手に快いものを与えているはずです。「美しさ」に自信がなくても、相手にさわやかな印象を与えることは、誰にも出来るのだと自信を持ちましょう。

しかし、「美しい人」はその美しさで、すべてが許されるのだなどとは、ゆめゆめ考えないで下さい。あなたに内面の美しさが加わってこそ、はじめて「美しい人」なのです。

―1970年「女の部屋」4号

楽シイきもの　1940年「きものノ絵本」

「きものノ絵本」扉　1940年

「新しいということ」

毎年、スカートが長くなったり、短くなったり、ヘアスタイルもいろいろ変わったり、それから靴のカカトが太くなったり細くなったり、そんなものを身につける新鮮さも嬉しいものです。

しかし、最近はマスコミが、人間の生き方や、ものの考え方にまでこれでもかこれでもかと流行を作って、そんな生き方をすることが、また、そういう考え方をする方が、新しいといわれたり、カッコイイ生き方だと考えられたりする傾向があるのではないでしょうか。

人生をスカートの長さや、ヘアスタイルのようには考えないで下さい。

いま、古いといわれている人間の習慣や生き方の中には、事実、切り捨てなければならないようなものも数多くあるでしょう。

しかし、そんなものばかりではないはずです。何千年もの長い年月を生きてきて、その積み重ねから、人間を一番幸せにする基本のようなものが出来上がってきて、それから今日まで続いているものなら、それは、人間という動物の本質的なものだともいえるのではないでしょうか。

だから、ちょっとした興味本位な思いつきや、無責任に作り上げられた風潮で「そんなの古い」と片づけてしまえないものも沢山あるはずです。

「いつまでも古くならないもの」――それこそがむしろもっとも「新しい」ものだとはいえないでしょうか。

人生はスカートの長さではないのです。

1971年「女の部屋」5号

第一章
暮らしを愉しく、美しく

中原淳一の永遠のテーマは〝美しく生きる〟。毎日の暮らしを大切に、愛しむ心があなたの人生を輝かせる、と淳一は教えています。美しく暮らすための素敵なヒントをお届けします。

〈屋根裏の少女〉1951年「ひまわり」

淳一絵.
LA VEILLÉE DE JEAN-
FRANÇ

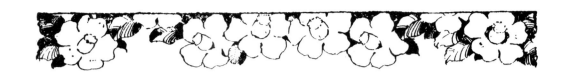

幸福そうに見えるのはやはり幸福

その人の家は、通りに面した方に、食堂の窓があり、夜になると青いカーテンのしまったその窓に灯がついて、それが庭の木を通して見えます。中からときどき子供の笑い声がきこえてたりもします。そんな窓の灯を見た人は、誰でもキット「幸福そうだな」——と考えるにちがいありません。ところが、その家の奥さんは「皆さんがあの窓を見てよくそうおっしゃるんですけれど、その窓の中で私は夫と口もきかないような不愉快な時もよくありますし、ウチにも人様にはいえないようないろいろなことがあるんですよ」といいました。

私はそれをきいて、なるほど、カーテン越しに見える窓の灯と子供の笑い声だけで、その中の暮らしがすべて幸福だとは限らないのはたしかだ、と思いました。しかし「他人から見て、幸福そうに見える」ということは、やっぱりその人に幸福である要素があるからではないでしょうか。つまり、もし、その窓の中で夫と口をきかないようなつめたい戦争があったとしても、そんな庭のある家と、緑色のカーテンや子供の笑い声があるだけでも、それも無い人より幸福なのではないでしょうか。その奥さんも「そういえば、ほんとにそうかもしれませんワ。どう見たって幸福そうには見えないより、やっぱり幸福なんでしょうネ」といって、明るい顔をしてお笑いになりました。

チルチルとミチルは「青い鳥」をさがしまわって、ついに見つからず、よく見れば、自分の家の窓辺にないていたではありませんか。自分の身近にどれだけの幸福があるか一つ一つかぞえてみて下さい。

美しい暮らしは不精では出来ない

先だって、私が仲人をして結婚をしたお嬢さんがいます。

弟二人がある三人姉弟の長女で、お父さんは小さいころになくなり、英語の達者なお母さんは、ある外人相手の会社の通訳をして、三人のお子さんを育てていたので、彼女はまだ小学生のころから二人の弟たちには、母親代わりのような役までしていました。

そんなわけで、しっかりしたところのあるのに、反面、大変可愛らしい性格の娘さんでした。

婚約がととのい、結婚の日まで約一年くらいありましたが、その間に、今まで自分のドレスを作った残り布や、布地屋さんに売っているハギレをおりにふれては買ってきてちょっとの時間をさいては、可愛らしいエプロンとかテーブルクロスとかナプキンとか、枕カバーや化粧用のブラッシングカバー、それから台所用のふきんから雑布といったたぐいの小物を家事一切を一人で切りまわすかたわら、実に楽しげにせっせと作りはじめました。そしてその一つ一つにイニシャルを刺繍したり可愛い花のアップリケをしたり、フリルを飾ったものなど、そのエプロンや枕カバーも一枚や二枚ではありません。エプロンだけでも十何枚、枕カバー一週間分、それが二人で十四枚、というふうに、そんな小物がたんすの引き出し一つにいっぱいになるほどのおびただしい数でした。

彼女の家には小さな庭があり、いつもよく手入れがしてあって、どの季節にも、何かの花が咲いているし、日のよく当る廊下は、まるで温室のように植木鉢が並んでいる。その植木鉢も毎年買うのではなく、花が散ったら、すぐ庭に植え替えて、また春になったら鉢に移すそうです。

不精では、とてもこんな生活は生まれません。

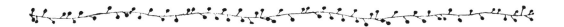

花を永持ちさせる工夫

「花と果実はシンショウをつぶす」という言葉があるそうです。全く困ってしまいます。私は花を部屋にたやしたくない、といつも思っていますし、部屋の中に果実を置いておくのも大好きです。

ところで、花は冬より夏の方が安いんですが、残念なことに夏の花は早くシオレてしまうようです。だから、そんなにすぐ枯れてしまう花を買っているとシンショウをつぶすといわれるのでしょうが、その花を出来るだけ永くもたせる方法を考えてみましょう。花の水を毎日取り替えたり、そのたびに茎を少しずつ切るのは、花を永もちさせる法として、もうごぞんじと思いますが、もしその花が枯れかかったら――といっても、たいてい花より葉の方が先に枯れてゆくものです。それでもう枯れたと思ってはいけません。葉が黄ばんできたら、その葉をみんなむしってしまい、花だけは残しておきます。

そして庭にある何の葉でもよいし、雑草の葉でもいいんですが、五〜六枚取ってきてその花をいっしょに活けてみましょう。花と葉が別々のものであっても、それは少しもかまいません。花にはやはり、緑の葉がある方が美しいからです。これでまた三日や四日は美しく見られます。また花がシオレて、首をかしげてしまったら、普通ならもうそれでおしまいですが、そこで花をすててしまわないで花だけちぎって、美しいガラスの器か、お皿のようなものに水を入れて、その花を水蓮のように浮かせてごらんなさい。とても素敵です。これでまた二、三日は大丈夫です。

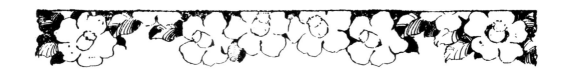

パリのお店〈夢の様な花屋〉1951年「ひまわり」

食事の場所を変える

食事は、毎日、そして一日に三度もするものです。それを同じお茶の間でするものときめてしまわないで、時には場所を変えてみると、思いがけない楽しさが生まれてくるのではないでしょうか。「今日は坊やがとても良いお点をもらって来たから」とか、「今日はパパのお郷《くに》からアズキを送ってきたので、お赤飯をたいたから」とか……「今日はお姉様がパーマをかけて、おしゃれをしたらトテモステキになったから」でもいいでしょう。ほんの小さな事でも、我家にちょっとした楽しい出来事があったらその日の夕食はいつもの茶の間ではなくて、奥の八畳の客間にして、テーブルの上にはテーブルクロスをかけ、出来れば花屋で一番安い花でもいいのです。それを飾ってみましょう。特にごちそうはなくても、ちょっと手を加えて、茶の間が客間に変わっただけでも、それで楽しさは倍になるというものではないでしょうか。お庭のある家《うち》だったら、月給日の翌朝は、奥様はいつもよりちょっと早起きをして、ふだんより身だしなみをととのえて、庭にイス、テーブルを出し、今日は食事の場所を変えてみましょう。お庭の朝食はグッと気分を変え、食器もふだん使っているものよりちょっと上等のものを出して下さい。家族の一人一人の誕生日、それからおひな祭やたなばた、子供の卒業式など、もちろん、パパとママとの結婚記念日、赤ちゃんが初めてハイハイした日、坊やが二重丸をもらった日、また、坊やが初めて一人で幼稚園へ行った日、何でもいいのです。我家だけのほんのちょっとした記念すべき日や、楽しい出来事があった日には、食事の場所を変えてみたり、食卓の上を奥様はちょっと工夫してみて下さい。

茶わんと茶たく

日本ではお客様をお茶でまずもてなす、それは外国といっても、いろんな外国はよく知りませんが、フランス、イタリーなどにはないステキな習慣だと思います。さて、そのお茶は茶たくにのせて出すのが普通ですが、茶わんと茶たくとの取り合わせが実に美しくて、ハッとするような事があります。そんな時のお茶は心楽しくいただくだけでなく、いつまでも心に残って、相手の人柄までがしのばれるように思えるものです。茶わんと茶たくとの関係は、ちょうど着物と帯の関係のようだと私はいつも思います。というのは、ここに緑の和服があったとして、それに取り合わせる帯が真赤か黄色か黒か、また着物と同系色の緑の濃淡にしたのとでは、一枚の着物が全く印象を変えてしまうように、ここに緑色の茶わんがあったとします。それをもっと濃い緑の茶たくの上にのせると、その深々とした緑の茶たくと明るい緑の茶わんと、その濃淡が美しく冴々とした調和を見せ、そのあたり一面の空気まで澄んだようにさえ感じられます。また、真赤な茶たくに変えれば、まるで緑の葉につつまれて咲く真赤な大輪の椿のように愛らしく、黒い茶たくならばグッと落ちついた感じになりましょう。茶たくは茶わんの下に敷く物だくらいに考えてしまわないで、お客様にお茶を出す時にも、ちょうどあなたが、お出かけ前に、この着物に今日はどの帯をしめようか、と考えるように、この茶わんには今日はどの茶たくにしようか、とその日の感じに一番ふさわしい取り合わせにして下さい。茶たくは、一組あるからいい、などという気持ちではなく、出来れば何組も持っていて、いろいろに組み合わせる楽しみを知りましょう。

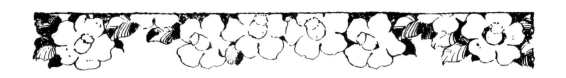

洗面所のタオル

お宅の洗面所に何枚のタオルがあるでしょうか。

五人家族の家でタオルは三、四枚というのがだいたいの家庭だそうで、これは、何かの調査の時に出た結果なので事実だと思います。

というのは、自分だけのタオルを持っていないという訳で、それなら朝、顔を洗った時、そこにある何枚かのタオルの中から、なるべく乾いたのをさがしてふいているということになり、結局、人間の数よりタオルの数の方が少ないのだから、後の方で使う人は、かならず誰かの使った後の、ビッショリかあるいは多少はぬれたタオルで我慢した、ということになります。そんなのは、衛生的にもどうかと思いますし、第一、さわやかであるべき朝のひと時に、あまり気分のいいものではありません。まず、家族の数だけはタオルの数をかならずそろえて下さい。

そして、めいめい自分のタオルをキチンときめていて、たとえちょっと手をふくだけでも、決して人のタオルを使わないように。これだけきちんと心得ただけでも、朝の洗顔の時に、ぬれたタオルで顔をふく、なんてことは絶対無いはずです。そして、主婦は皆の洗顔が終わったら、家中のタオルをもう一度サッと水で洗って、カラリと乾かして下さい。

毎日そうしていれば、誰のタオルも、いつ使おうと清潔にカラリと乾いているはずです。こんな、ちょっとした心づかいからでも、さわやかな朝がむかえられ楽しい生活が生まれようというものです。

ひまわりみだしなみせくしょん　—1948年「ひまわり」

ひまわりみだしなみせくしょん
—1948年「ひまわり」

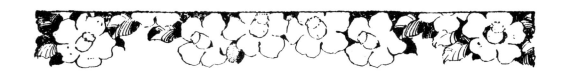

美しい障子のお話

「日本の住まいの美しさは、障子にある」と、ある有名な西洋の建築家が日本に来た時にいったそうです。

最近は洋間にも、その美しい障子を取り入れられているのをよく見うけますが無理もないと思います。真白い紙がピンと張られた障子はほんとうに美しい。また、逆に紙が古くなって赤茶けてしまったり、破れていたりすると、障子は何と貧乏くさいものだとも思えます。新しい張りたての障子でも、どこか一カ所破れていると、ただそのことだけでがっかりするほど、破れ障子というものは、その家全体がうまくいっていないようにさえ思えるものです。

ところで、秋も終わりに近づきました。お宅の障子は破れてはいないでしょうか。破れていなくても、紙が黄ばんでいたら、思いきって張りかえて、すがすがしい冬をむかえて下さい。

紙をはがしたら、ついでに、障子の桟《さん》も洗って下さい。はがしただけでは、やっぱりスッキリしないし、それに洗ってみると桟が見ちがえるほどサッパリとします。そうして次の一年をさわやかな心で暮らして下さい。

私の知っているある奥さんは、住まいにいつも心をくばっていて、いつ行ってみても大変心地よい部屋にしてあるのには感心しているのですが、ある時そのお宅の障子に、白地に、紺で秋草の模様のゆかた地が下の三段だけ張ってあり、それが大変しゃれていて、その奥さんの趣味の深さを見せられたように思いました。きいてみると、そこのお宅では猫をかっているので、いくら障子を張りかえても、すぐ猫が破ってしまうので、自分の着ていたゆかたを障子に張ってみたのだということでした。

ゼイタクとムダとケチのちがい

日本が戦争をしている時には「ゼイタクは敵だ」という言葉がさかんに使われましたが、今では「ゼイタクは素敵だ」に変わってしまったといいたいような時代です。

ゼイタクすぎるのは困りますが、ある時はゼイタクをすることによって生活はより楽しくなりましょう。しかし誰のためにもならないのに意味なくお金をつかうのは「ゼイタク」ではなくて「ムダ」というものです。

それほどお金をかけなくてもすむことにお金をつかうのはムダづかいのようにも思えますが、部屋の電気に例を取っていえば、小さな部屋で六十ワットの電灯でも充分明るいのに百ワットにするのはムダのようでも、その部屋が明るいために、そこで暮らすことが楽しくなるとすれば、少々ゼイタクでもムダとはいえないかもしれません。

しかし、たとえ六十ワットの電灯でも、ついうっかりして誰もいない部屋につけっぱなしにするのは全くムダなことです。ほんのちょっと——と思って、ついその部屋を出る時に電気を消さないで出てしまうことはよくあるものです。しかし、たとえ短い時間でも、誰もいない部屋に意味なく電灯があかあかとついていても、誰のためにもならずメートルがまわるだけでこれでは全くムダというものです。

部屋を出る時に、ほんの短い時間でも、いちいち電気を消すなんて「ケチだ」と考える人がいるかもしれません。しかし、それは間ちがいです。ケチというのは、テレビを買えば、つい見たくなる、見れば電気代がかさむからモッタイナイといったり、夕飯がすんだら早くねるに限る、そうすれば電気を使わなくてもすむから、などといって、毎日金カンジョウばかりしている人のことです。

整理は生活を快適にする

整理は、自分の生活を快適にさせる第一条件です。美しい楽しい暮らしは、他人に見せるためではなく、自分のために必要なのです。ああ、あれをちょっと、と思って探してみてもたしかあったはずの所にない。それで半日もかかって、やっとあったとしても、その半日という時間は大変なマイナスです。その間にイライラしたり、重いものを動かして疲れたり、その下から大切なものがクシャクシャになって出てきて、ガッカリしたり。しまいに、自分で自分が気の毒になったりするものです。最近よく「何かの時に役立ちそうだ」と、いつ使うかわからないようなものを取っておくから整理がつかない、そんなものはドンドン捨ててしまう方がいい、というのですが、たしかに捨てればその時はサッパリしますが、やはり取っておけばよかったと思う時もあるものです。だから、どうしても捨てたくないものは、小さいものなら、最近買物をしたら入れてくれる紙袋やビニール袋に分類して入れ、それを積み重ねて置いても、何が入っているか、すぐわかるように、小包みの時に使う荷札に、中に入っているものを、ちゃんと書きこんで下げておくのも一つの方法です。

整理する時には、袋に分類して入れただけでもスッキリした気分になるものですが、いざという時に、一つ一つ袋の中味をたしかめて見るのは大変なことだし、袋の中味をいちいち頭の中に記憶するなどということは出来るものではありません。荷札をつける手間よりも、探す時の手間の方がよほど大きいことも考えて面倒がらないで下さい。

押入の工夫　1948年「ひまわり」

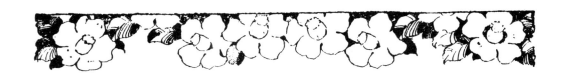

70年間日記を書き続けてきた人

私の知っている、ある医学博士の未亡人ですが、もう七十の半ばをすぎたお年だと思います。何しろ明治三十五年に小学校三年だったそうです。その方はその明治三十五年の三月二十一日から今日まで、つまり七十年間一日もかかさず日記を書き続けたそうです。

旅行の時とか、病気などで日記帳に書くことは出来なくても、手もとの紙片にでもその日のことを書きつけて、後で日記帳に書きうつすというふうにして書き続けられたそうです。

その方は立派な家庭で育った方で、はたちの時お医者様と結婚をし、それから十年後にご夫君が博士になられました。その十年間はご夫君は論文提出のための研究に不眠不休で、経済的にもまた、その他で大変なご苦労をされたそうです。その後、ご夫君は立派なお医者様になられ、その一番幸せなころに私はその婦人と知り合ったのですが、戦争中にご夫君はなくなられ、空襲で家も衣類も家財などをも失われました。しかし長年書き続けられた日記帳は運よく疎開先にあずけた荷物の中にあって、類焼をまぬがれたそうです。今はアパートの一室で小さい子供たちにピアノを教えて一人きりの生活をしておられます。そんな境遇になられても、折にふれて書き続けた日記を読み返すと、小学生のころから今日までの一日一日苦しかったことも、幸せなころも、その日記の一ページ一ページは、みんななつかしい思い出となって、現在の孤独な生活にも、「どんなにか力づけられて生きてきたか」とおっしゃいます。

私はこの人が七十年日記を書き続けたということに驚くと同時に、日記を書く意味も教えられたような気持ちです。あなたも今年こそ日記をつけてみてはいかがですか。

Column 1

春の仕事

1954年「それいゆ」29号

みどりのとき　1947年「ひまわり」

澄みきった窓から明るい春の空を見る

さほど美しい人ではなくても、澄んだ目の人に向かって話をしている時は何となく心楽しいものです。

窓は部屋の目です。だから、その目がぜひとも美しいものでありたいのはあたりまえで、どんなに上等の家具が揃っていても、その部屋の目が不潔で曇っていたのでは台なしです。

春になりました。

明るい春の空は澄みきったガラス窓からながめるために、今すぐガラスふきを始めて下さい。

カーテンで部屋は春の色によみがえる

春になったら、窓のカーテンも今までの重い冬のものは取りはずして明るい春のものと取りかえられたらどんなに嬉しい事でしょう。
ところでカーテンは色のあせやすいものですが、その冬のカーテンがもし色あせていたら、取りはずして今すぐ染めなおしておきましょう。
今までの色をそのまま色あげしてもよいし、また思いきって白いカーテンを黄色に染めたり、ピンクを赤に染めてみるのも楽しいもの。

白い靴と手袋が春の装いにかえてしまう

頭の先から足の先までを春の装いでぬりつぶす事が出来るなら、それはもう何もいう事はないのだけれど……。
重いオーバーを脱いだだけでドレスはそのままで春を過ごさなければならないのならば、白い靴を出してはきましょう。
白い靴は夏のものだという考えはやめて、春のアクセサリーとして考えて下さい。
白い靴に白い手袋を揃えたら、今まで着ていたドレスまでも新鮮に春の色にかがやいて見えるでしょう。

窓辺に匂う桜草のひと鉢が春を告げる

春は花の季節です。たとえ小さくとも庭があって、その庭が若葉で匂い、そこに花が咲きみだれていたら春という季節の美しさもひとしお身にしみるのではないでしょうか。
しかし、庭はなくとも、窓辺にまた卓の上に花が絶えないとしたらやはり春を知る喜びが部屋いっぱいにあふれます。
ところで、花は切った花よりも鉢ものの方が結局は安あがりだし、鉢には毎日水をやっては窓辺で太陽にあててやり、その育ててゆく喜びをも味わいましょう。

美しいエプロンは楽しい春の家庭着

よそゆきはいろいろとひねってみても、家の中での着るものに心を配る事はつい忘れがちになるもの……。
しかし、春はすべての時間が楽しいものでありたいためにも、家で着るものにも工夫をしてみましょう。
まず、ほんの少しの残り布でも出来る美しいエプロンを作りましょう。
美しくて、楽しいエプロンをいくつか作っておいて、一日に幾度でも取りかえて、その度ごとに新しい心になって暮らせたら……。

手紙は書いていても受け取っても心をあたためる

思いがけない人から、ひょっこり手紙をもらったら、あなたのこころよい春の日がもっと明るく嬉しい一日になるとは思いませんか。

今日はあなたのアドレスブックの整理をしましょう。そうして、お友だちの一人一人にそれぞれの思い出を甦らせて、どんなに短いものでもいい。懐かしい手紙を書く愉しさを知りましょう。

そうしたらその返事がすぐ舞いもどって来て、あなたはまた手紙を受け取る愉しさを味わう事が出来ます。

すがすがしい朝の快さは清潔な歯ブラシから

皆が出かけるあわただしい朝、それを少しでも愉しいものにするためには、びたびたに濡れた歯ブラシが、開いた花の様にすり切れていたのではこまります。

家中の人の歯ブラシを全部新しくする日を作って下さい。洗面所に新しい歯ブラシがずらっと並んだ朝はどんなに快くすがすがしいでしょう。

そうして使った後は早く乾く様にブラシの方を上にして、出来れば日のあたる場所に置く様にしたいもの。

あなたの手料理には花をそえて……

若いお嬢さん！ 日曜日の夕食の仕度だけは、お母様を休ませてあげて、さあ、あなたの手で全部やって下さい。それはあなたが、やがて結婚した時のためにもキット役立つ事です。

さて、春はお料理には花をそえましょう。

庭から取って来たマーガレットをサラダのお皿にちょっとあしらったり、トーストのそばに金魚草の花びらが散っていたら……。

どうしてもこうありたいと願っていればいつかは出来るもの

こうしたらさぞかし気持ちがよいであろう、という事はわかっていても長い間の習慣や、つい面倒だったりして何となくそのままになる……。

「そんな事はなかなか出来るものじゃあない」という人があるかもしれないけれど、どうしてもそうありたい、と切に願っていた場合は人間は案外にやりとげるものだと思う。美しくありたい、と切に思っているから、あの面倒な化粧を毎日くり返して出来るのだと、女性の皆さんは考えてみて下さい。

第二章
あなたがもっと美しくなるために

美しく生きるために、内面の美しさを育むとともに、外面を磨くことの大切さをも、くり返し説いた中原淳一。今でも、清新な輝きを放つ、おしゃれのエッセンスをご紹介します。

スタイルブックより　1953年

印象的な衿元　1953年

流行は
なぜあるのでしょうか

流行ってなぜあるのでしょう?
もし流行なんてものがなかったら、一着の服だって、大切に着れば、十年でも二十年でも着られるのに、なぜこんなむだなものがあるんだろう、と考えてみたことはありませんか?

ほんとうにそうです。しかし、人間というものは、それをはっきり意識してはいなくても、大なり小なり「より美しいもの」を求めるホンノウのようなものがあるのです。つまり、「美しい」と感じる心の中に、「新鮮さ」ということも半分はふくまれているのです。

だから、同じくらいの美しさだったら毎日見なれたものより、新しく手に入れたものの方が美しいと思うばかりか、新しい方が、見なれたものより、少々悪くても、新しい方に心を引かれることだってあります。だからあなたがどんなにステキだ、と思っていたドレスでも、二年も三年も着ていたら、どうしても最初ほどの感激はなくなってしまう。そこへ何か新しい感じのものを見せられて――ハッとばかり、その方へ気持ちがうつってしまう。ということで、これはゴク自然ななりゆきではないでしょうか?

カンタンにいえば、その気持ちが「流行」を作るもとになっているのです。しかし、何でも、新しいものを見せて、これが流行だといえば皆がとびついてくるというのではありません。

何となく今着ているものに誰もが感激がなくなっているような時に、別の新しい美しさを見せられてハッと心がうごく、それが一人や二人ではなく、皆が同じように新鮮さを感じて気に入ってしまう。その時に次の「流行」が生まれるのです。

場所を考えて着る

外出する時、さあ何を着ていこうかな、と考えるなら、まずこれから行く先のことを考えるTPOは今さらいうまでもないことです。

あなたが一番美しく見えるのは、あなたのいる場所と、あなたの着ているものとがピッタリと一つの雰囲気にとけこんでしまった時です。

つまり、結婚披露のご招待なら、華やかでどちらかといえばゴージャスに見えるものを選び、英会話の稽古や図書館などなら、あまり色彩がハデにならず、きちんとした美しさが一番素晴らしく見えるものです。

歌舞伎を見るのは和服の方がいいし、ジャズをきく時なら、やはり洋服。こんな時は、和服がどんなに美しいものでもピンときません。

クツみがきにはジーパンがいいし、台所ではエプロンの白さが目にしみる美しさです。こんな間ちがいをしたことはありませんか。結婚披露パーティーのような席に招待されて、そんな時にはやはりそれらしいものを着なければならないことは、よくわかっているのに、どうも今自分が持っている、そんな席にむくドレスは、去年作ったもので、それより最近作った服はチェックでふだん着っぽくて、ちょっと気にはなるけれど、新調のそれを着ている時の方が自分でもズッと新鮮でステキなように思い、どうも古いドレスを着る気にはなれない。さんざん迷ったあげくとうとうそのお気に入りの服で出かけてみると、集まっている人たちは皆カクテルドレスや訪問着の人ばかりで会場いっぱいに華やかな雰囲気があふれている。はじめは大して気にもしていなかったが、だんだん自分一人が場ちがいのところに来たようにみじめになった。

これでは、はた目にも決して美しくは見えないものです。

夢あふれるスタイル画

COLOUR and COLOUR　1970年「女の部屋」

似合うものを見つける法

和服でも洋服でも、他人が着ているものが素敵だったから、といって、それが自分にも同じように似合うかどうかはわからない、ということはたしかなことです。だから人まねはいけない……とこんなことは、よく女性雑誌や新聞の婦人欄などで見かけることです。誰でも自分の個性を発見して、個性のある装いをしなければならない、ということはたしかなことです。しかし、まだ若い人が、いきなり自分らしい個性を見出して着る、といっても、それはなかなか出来るものではないと思います。もちろん出来る人もいるかもしれないのですから、それはそれとして、若いうちには他人の装いを見て「いいナ！」と思ったら、そして「あんなの私も着てみたいナ！」と考えたら、それを大いに取り入れて着てみることです。ただし、着てみたいみたいと思っていた、その念願かなってそれを着た――ということですっかり嬉しくなってしまっては困ります。それが自分に本当に似合っているのかどうかを研究的な目で見なおしてみることです。そして、もし「似合わないナ」と考えた時にも「しまった、これは私に似合わない」ときめてかからないで、いったいどこが似合わないのか、色だろうか、それとも仕立てが悪くて体に合っていないのか、また髪型とドレスが不調和なのか……と十分に研究してみることです。それをくり返しているうちに、あなたに本当に似合ったものを見出すことが出来るはずです。それがあなたに一番よく似合う、あなただけの個性ということにもなるのではないでしょうか。

見えない下着の大切さ

「とても下着にお金をかけるなんて、そこまでは手が出ない」という人もいます。

ほんとうにそうです。

あんな服もほしい。こんなスーツも作りたい。またあんなものをそろえておかなければ困る時があるかもしれない。また冬になったら、今年はオーバーも新調しなければ……などと考えていたら、つい下着の方は後まわしになってしまうこともあるでしょう。

しかし、あなたが、お風呂から上がって、下着を全部清潔なものに取り替えた時は、さわやかな明るい気持ちで、誰かに会っても自信のある態度でいられると思うのです。しかし、逆に上に着ているものは同じでも、とても人には見せられないようなうすよごれた下着だったら、自分でハッキリ意識しなくても、何となく気おくれがして、人に会った時など、つい卑屈《ひくつ》な気持ちになってしまうのではないでしょうか。

どうせ、人に見せない下着のことですが、ほんのちょっとした気分で、それがその人の表情や態度まで何となくあらわれて、相手に与えるあなたの印象もずっとマイナスになることも心にとめておいて下さい。

それは、豊かな良い環境に育った人は、別に美人でなくても、何となく美しい人のような印象を受ける、というようなことと同じだと思います。

だから下着が美しく、そして清潔であったなら、何となく豊かな自信が生まれ、真から光る美しさを作ってくれる一つの要素になるのだということは知っていなければなりません。

それいゆぱたーん　1950年「それいゆ」

それいゆぱたーん　1947年「それいゆ」

それいゆぱたーん　1957年「それいゆ」

古典的な衣裳　1940年「きものノ絵本」

輝けるスタイルブック

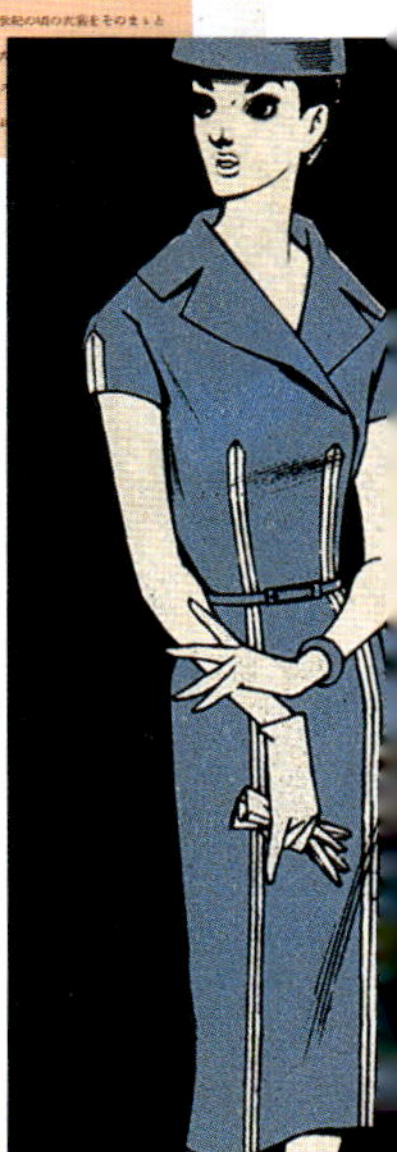

じゅにあそれいゆぱたーん　1956年「ジュニアそれいゆ」

笑った顔の研究

ある有名な新劇の女優さんの話ですが、その人は、自分の顔で一番いけないところは口だと思っていたそうです。それで舞台で笑う芝居があると、なるべく口をかくすように、ちょっと手を口のあたりに持っていったり、その他いろいろ工夫をしたものだそうです。ある演出家に「なぜ、あなたは口をかくすのか」ときかれたので、笑った口もとに自信がないからと答えたら、「女の美しさは全身で感じるのだから、全身で美しい女になりなさい。口ばかりかくしてみても、決して美しく見えるものではない」と教えられ、それからは全身で美しい女の身のこなしを研究したということでした。なるほどと、その話をきいて、私もそう思いました。ある私の知っている、ごく温和《おとな》しい女性で、この人は自分を決して美人だなどとうぬぼれてはいない人で、目立つような振るまいも決してしない人ですが、話しがはずんで楽しくなったりすると、アハハハと大きく口をあけ、上を向いて笑うクセがあります。普通にしていれば、大変感じの良い人であるのに、上向きでアハハと笑うと、今までとは別人のように品が悪く、上向きのこの人の顔は、まるで欠点をむきだしにしたように見えます。これは先にいった女優さんの話とは逆のことで笑った時の、自分の顔に対する研究がなさすぎると私は思いました。笑顔の美しい人は、本当に愛らしいものです。

笑顔で人が不愉快になるということもないはずです。それなのに笑った時に一番醜く見えてしまうのは困ったものです。だから鏡に自分の笑った顔をうつしてよく見て下さい。

自分の欠点をおぎなう方法

面長《おもなが》の人は横の髪をふくらませる。丸顔の人は前髪は下げてはいけません。おでこの人は前髪を下げて下さい。顔の三角の人は？　目の小さい人は――くちびるの厚い人は――首の短い人は――太った人は――やせた人は――と、婦人雑誌は顔や体の欠点をおぎなうための記事を手を変え品を変えて見せています。

女性なら誰でも美しくなりたいと願っているでしょう。だから、あの記事は読者には大変興味があるらしい。だから、雑誌は何度でもくり返して見せているのでしょう。むろんあんなのは全くウソだとはいいません。一応基本的な条件として考えてみるのはいいのですが、丸顔といっても、パッと華やかに見える可愛い顔もあれば、まのぬけた丸顔もあります。長い顔といっても、額《ひたい》ばかり広くて長くなった顔もあれば、あごが長くて長い顔もあり、同じ条件とは限らないのに、誰もが同じ方法で同じように良い結果が得られるとは限りません。

毎朝鏡に向かっているのですから、自分の欠点をおぎなう方法は案外自分が一番知っているかもしれないのです。

それに、丸顔の人が長い顔に見せていい場合もあれば、むしろ丸顔の愛らしさをもっと強調して良い結果になることだってあり、長い顔の人も、おでこの人も、皆それを個性に見せて良い場合もあるのです。

だから、あまりあの記事にこだわらず、とにかく鏡に向かったらいろいろためしてみて、「私なんか……」と、あきらめたり、ひっこみ思案にならないことです。

可憐なヘアスタイル

問題でない体の線

太った人は、ウエストをギュウギュウしめた服を着たがるものです。考えてみれば、胸や腰は細く見せようといっても、そう簡単にはゆかないけれど、ウエストなら、ウエストニッパーでしめればかなり細くもなるし、せめてウエストだけでも、細ければと考えてドレスの方も体にピッタリつけた形に仕立てたがるのです。しかし、蜂のようにウエストばかりしめてみても、ほっそりとした人だとは誰も思わないはずだし、ウエストをギュウギュウつめた服は、もう二十年も前に流行した形で、今見れば古めかしく見えるばかりです。

ほんとうは太っているとか、やせているとかは、美しいとか、醜いとかいうこととは別のものであるはずです。

太っていれば、やせた人には見られない、ふくよかな美しさがあるはずで、むしろそこを強調するくらいの気持ちでいて下さい。といっても、太った人がダブダブの服を着たのでは形にならないでしょうが、やたらとギュウギュウしめつけたドレスではなく、そのふっくらとした体をやわらかくつつむような気持ちで仕立てた服を着るようにしましょう。

もし既製品でなく、オーダーする場合なら、やせた人より、その形作りにもっともっと気をくばることです。ただ一ついえることはやせた人は悪い仕立の服を着てもごまかしがつきやすいということです。

だから太った人は形よく仕立てた服を着て下さい。そして、太っていることに自信を持って下さい。

子供にもよそゆきを

もしあなたが若いお母様であったら、自分のおしゃれと同じようにお子さんのおしゃれのことも考えて下さい。

もしあなたが働く婦人だったら、ちょっとした外出着はもちろん、およばれの服の一枚くらいは持っているはずです。それにまた、もしご主人のお仕事の関係などで、いろいろな集まりに奥様も出席されるようであったらなおさらのこと、自分の着る物のことは常に気にかけているのはあたりまえですが、お母様の着る物がちゃんとした物であれば、ある程度子供の服もそれに合わせてゆきましょう。といっても子供のふだん着は、学校に行っている他の子供並でいいわけだし、それ以外に晴着を着る機会はあまりないものですが、もしあなたがお子様連れでどこかへ行く時、あなたばかりが訪問着やカクテルドレスを着ているのに、お子さんの方はセーター姿であったり、ふだん学校へでも着て行かれるような服では、たとえ布地が上等で、新調したばかりの服だといっても、それではお母様の着ているものとのつり合いがとれず、せっかくのあなたの美しい装いまでがウラサビシイ物に見えてしまいます。

子供に晴着やよそゆきがたくさんは必要ではありません。しかし、いざ、という時のために一着だけは持っていたいものです。そしてそれは絶対にふだんには着せないこと。

「あれ着せて」とすごくねだられても、「じゃあ今日だけよ」などとうっかり着せたら、子供は一日でよごしてしまうし――、それより子供自身がよそゆきを着たという気分になりにくいでしょう。

子供のおしゃれ

美しい歩き方を身につける

美しい歩き方は、あなたを美しく見せる大切なポイントです。

例えば美人でも、いかにも疲れたように、重たげに足をひきずって、歩いたり、背中をまげて、ペタンペタンと内またに歩いたり、またちょこちょこと小またで歩いていると、台なしです。

つまり、顔だけ見ていると美人でも、歩かせてみると、何となくスッキリしなくてガッカリするようなこともあります。

また、美しくない人でも、足もとも軽やかに歩いていると、ステキな人だなという印象を受けるものです。

長い間に身についた自分のクセはなかなかなおらないものですが、歩き方は一番矯正《きょうせい》しやすいものです。

その一つの方法は街を歩いている時に、ショーウインドゥにうつった自分の姿を気をつけて見ることです。

そして「なるほど、背中がまがっているな」とか「もっと大またに歩いた方がよさそうだ」とか「ヒザがまがっているな」と、目についた悪いクセを見つけたら、すぐその場で、改めればいいのです。

自分の醜いところを見つけるのは少々つらいことかもしれませんが、良くなるためには、それも仕方のないことです。

そして次のショーウインドゥにうつった自分を見ては、それでいいかどうかをたしかめて見る。それを一カ月も続けているうちに、悪いクセもほとんど矯正できることうけ合いです。

街のショーウインドゥはあなたの歩き方をうつす鏡のようなものですから、これを大いに利用して、スマートな歩き方を身につけてほしいものだと思います。

日本人なら誰でも和服が美しく見える

お正月も、もう幾日か過ぎて、街にも訪問着の娘さんの姿もだいぶん少なくなったある日曜日、私は友人と待ち合わせるために街角に立っていました。

すると、私のすぐそばに、やはり誰かを待っているらしい若い女性がいるのに気がつきました。彼女はピンクの地に美しい花模様のある訪問着を着て白いショールを手に持っていましたが、その娘さんは小柄というより、ほんとうに背の低い、そして顔も決して美しいとはいえない人でした。

顔の美しくないのはまあいいとしても、もう少し背でも高かったら、せっかくのこの訪問着も、ずっと映えるのではないか、とちょっと気の毒のような気持ちでながめてみたものでした。

もしこの人が、洋装をしていたらどうだろう、といっても、洋装は背の高い方がいいというふうに考えたわけではないのです。

洋装はいくら晴着だといっても、街を歩くのにそれほどおおげさな飾りのあるものを着るわけにもいかないし、また、晴着用の特別なオーバーを持つなんてなかなか出来ないことです。

もし、このあまり美しくもなく、特別に背の低い娘さんが、はりきってお正月用のドレスを着たとしても、決してはえはしなかっただろう、と思いました。

しかし、こうして、美しい模様のある長い袖の訪問着を着ていれば、背は小さいなら小さいなりに、また顔が美しいとか美しくないとかは関係なしに、いかにもお正月の晴着らしい華やかさがあり、娘だけの持つ雰囲気が感じられ、ああやっぱり日本人には和服が一番いいんだナ、とつくづく考えさせられました。

きもの、ゆかたの美

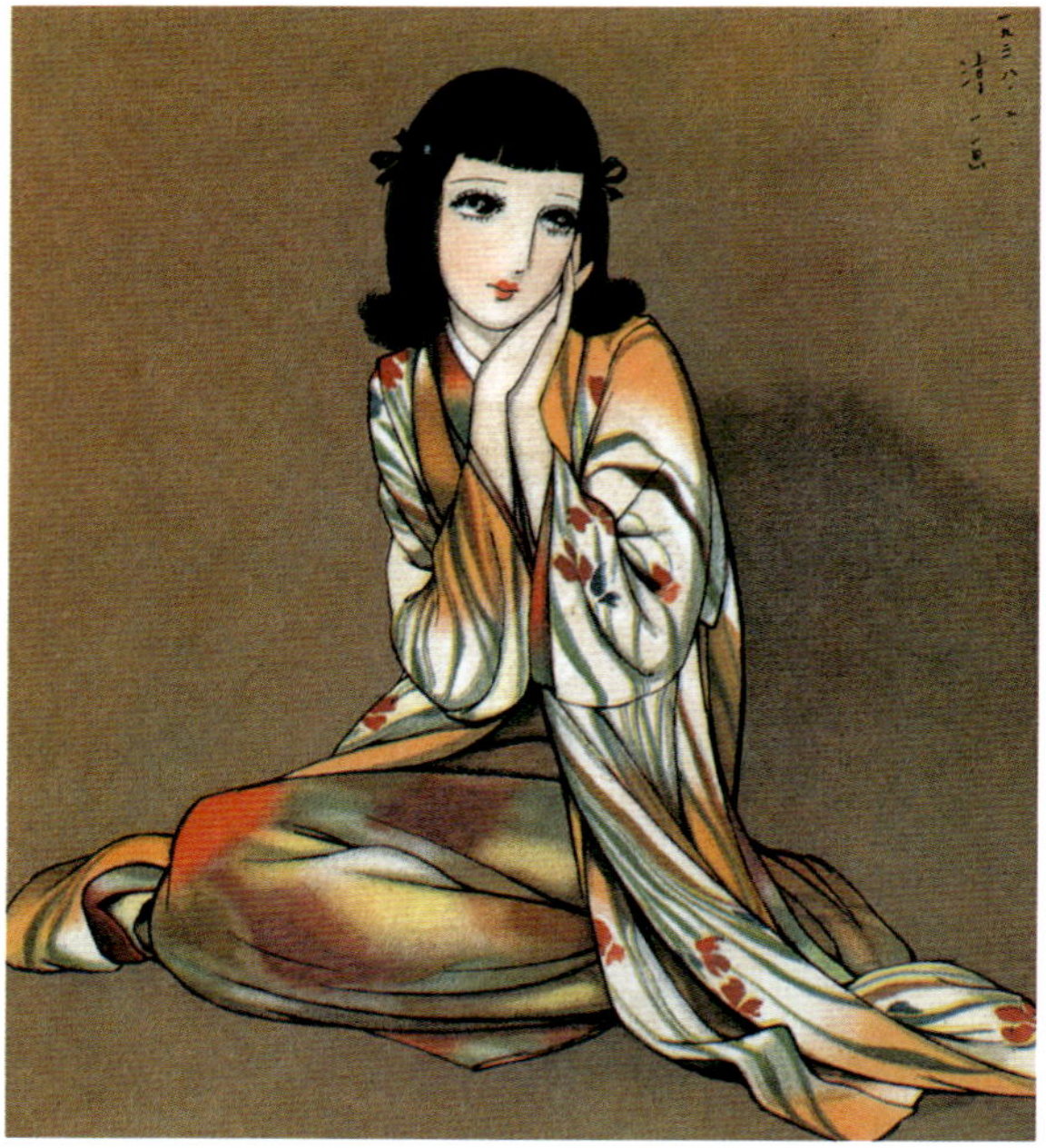

黒いリボン　ー1938年「少女の友」

四月の花束―薔薇　ー1934年「少女の友」

静かなる秋　ー1938年「少女の友」

四月の花束——蒲公英 —1934年「少女の友」

たなばた —1950年「ひまわり」

明日のうた —1949年「ひまわり」

Column 2

幸福を呼ぶ小さなテクニック

1950年「それいゆ」13号

幸福というものは、すべて自分の努力によって見出すもので他人が他人の幸福を規定することは出来ない。どうすれば幸福になれるかという事は、人と生まれた以上は誰でもが考えないではいられぬ人生の第一義的なものといえよう。ここでは精神的な事は問わないとして、しようと思えば誰にでも出来る日常生活のちょっとした心懸け、小さなテクニックで他人に幸福感を与え、自分も幸福になるといった幾つかの条件を考えてみたい。

幸福は考え方によっていろいろにわかれて来るだろうが、何よりも一番大切なことは愛される事だ。それにはまず自分が愛さなければならない。それもただ心だけで愛そうとするのでなく、愛のあらわれである行為で人を楽しませ、幸福感を味わわせる事の出来る日常生活のテクニックを身につけてゆかねばならないだろう。

明るい心で「はい」と答える

第一に明るい心を持つ事から始めよう。明るい心で明るく人に対する、明るく澄んだ声で「はい」とはっきり返事をする。いつも明るい微笑をたたえている人でありたい。それはきっと人の心を和ませ豊かな気持ちで包み、したがって愛されもする結果にもなるのだ。「うん」とか「ええ」または「はえ」ときこえるような濁ったものうい返事は、相手に不快を与えるという点で、たとえその人がどんなに美しく着飾っても、幸福に暮らす大きな条件に一つ欠けている事になるだろう。

食卓に美しい心づかいを忘れずに

料理が上手な事は、もちろん結構なことだが贅沢をつくした料理でなくとも、料理する人の心構えでいくらでも幸福に食べられる事を忘れてはならない。有り合わせの材料でも——さあ一つ素晴らしい料理を作ってみよう、と工夫する心の人であることだ。それには料理の配色や皿小鉢の取り合わせなどにも気の利いたテクニックが欲しいものだ。何気なく食卓に添えられた一輪の花が、どんなに人の気持ちに潤いを持たせ幸福にするかを知っている人でありたい。

清潔好きなのも幸福を創る人

きちんと掃除が出来たあとの清々しさ。それだけでも明るい気持ちになれるものだ。掃除の行き届く人は身なりもきちんと整って清潔だろうし、きっと洗濯も好きに違いない。つぎものをする時、とも糸でつぎをする人、ボタンの取れたままのブラウスなどを着ない人、靴を朝家を出る前にぴかぴか光らせている人、そういう人は自分の生活から、常に乱雑さや汚らしさを除いているわけで、そうしたところから幸福を拡げてゆくに相違ない。

引出しの整理に窺われる人がらと幸福

何気なく開いた引出しが乱雑で、たたまない衣類、洗っていない下着が突込んである事程だらしないものはない。それは自分の心の引出しも乱雑でふしだらだという事を証明しているようなものだろう。逆に引出しの中がいつもきちんとよく整理されている人は、たとえ上等のドレスは持っていなくとも、常に最高のものを用意しているともいいうる。汚れものと一緒くたになっていたのでは、どんな豪華なドレスを持っていても、その人に幸福が訪れるとは思えない。

幸福をとらえるテクニックとその要素

幸福は一度手にとれば一生逃げてゆかないというようなものではなく、毎日の心懸けで少しずつ積み重ねてゆかねばならない。その心懸けというかテクニックは、気をつけて見ればどこにでもあると思う。非常に忙しかった一日でも充実感を味わう事が出来れば、疲れても幸福な生活を送るためには、ぜひ特別に娯楽の時間を必要とするように考えるのは間違いで、仕事に緊張した時間がほぐれた時おとずれる安らかさの中にこそ幸福があり、その楽しさも大きいのだ。

室内の模様がえは新鮮な幸福を生む

部屋の模様がえが適宜にうまく出来る人も、いつも生活に清新な明るい雰囲気を保たせる幸福な人だろう。家具の位置が右から左に移ったただけで、また隅にあったものを真中に移動させる事で、もうその部屋に昨日までの生活とは違った角度を創り出す事が出来るものだ。三カ月に一度ぐらいの割合で部屋の空気を一新させてみたらいいだろう。ちょっとした工夫と心づかいによって室内をたえず新しい心持ちで生活出来るようにしていれば、どんな小さな部屋でも明るい幸福感を抱くことが出来る。

新聞雑誌などの知識を軽蔑せぬ人

新聞や雑誌で得た知識といって頭から軽蔑するのは、かえって愚かしい事だろう。もっとも雑誌の氾濫している最近では、余程厳選しなければならないが、新聞雑誌をよく読み完全にマスターすれば思っているよりも遥かに豊かな知識を吸収する事が出来るはずである。一般婦人がそれだけの知識を専門書から得ることは不可能に均しい。だから連載小説か三面記事にだけ興味を持つことなく、心をくばってちょっとした記事をメモしておくとすれば、それは充分に幸福に役立ててゆく事が出来るに違いない。

一番いやがる仕事を進んでする人

ある家庭婦人の話だが、結婚してからもう幾年も映画一つ見ずに家事に専念しているので、端の者が、少しは遊んでみないかときくと「家庭の中のこんな山程ある仕事を、私がしなければ誰がするのでしょう？」と答えて明るい笑顔を見せたという。人間が生活する上に当然おきて来るわずらわしい沢山の仕事は、誰かが始末しなければならぬ。誰もがあまり好まない仕事を進んでするという意志があって初めて、自分をも他の人々をも幸福にする事が出来るのだろう。これは家政婦のように一日台所で暮らさねばならぬという事とは全く違うのだ。

他人から贈られたものを大切にする人

他人から贈りものを受けるのは、その人が誰かから愛情を受けたしるしだから金額や品質にかかわらず、その好意のあらわれである品物を自分の心の宝物として大切にする人は、やはり幸福をかち得る人であろう。それがたとえこわれてしまってからも、大切にしまっておくという心の優しさ。幸福はそういうところから生まれて来る。人が好意を持ってくれた温い思い出、愛された懐かしい記念品はどれも粗末にすべきではない。

第三章
しあわせはあなたのまわりから

人と気持ち良くつきあうためのマナーをアドバイス。幸せをただ待つのではなく自ら見つけ、まわりの人々にも幸せの種を蒔くような女性になってほしい、と淳一は願いました。

想い出 1955年「ジュニアそれいゆ」

1955. HARU
JUNICHI.NAKAHARA.

大切な第一印象

あるところで調べたんだそうですが「九十三パーセントの人が第一印象で相手を判断している」のだそうです。

ですから、第一印象というものが正確であろうとなかろうと、私たちは多くの場合、第一印象によって価値判断をされていることになり、そんな第一印象に左右されるなんてイヤだ、といってみても、どうしようもない事実だからしかたがありません。しかも、就職試験とか、お見合いとか、また恋愛のきっかけのように、人生で最も慎重でなければならない大切な事柄までが、その第一印象の良し悪しで勝負していることになるのではないでしょうか。

そう考えてみると、決してあてになるとはいえない第一印象も私たちの人生を決定するほど重大なものだということになります。

見合いとか就職でなくても、私たちは毎日何人かの人に会い、自分でも気がつかない間に、いろいろな形で、その第一印象のテストを受けていることになるわけで、ウッカリしてはいられません。

「大切な第一印象」を、よく見せようといろいろ工夫するのもおかしなことですが、だれでも長所はかならずあるはず。その長所を自分でよく知って、それを大きく育て、いつ、誰に会っても、第一印象が素晴らしくあるために、あなたの短所は少しでも追い出してしまおうじゃありませんか。

甘える心が美しさを奪う

土曜日の夜の汽車だったので、スキーを持った若い人たちも交えて、汽車はかなり混み合っていた。ところが二等車の方は先に満員で、それに乗れなかった人が一等の方へ乗りこんできて、とうとう一等も立錐の余地もないほどに混み合い、車内のスピーカーが「二等切符の方はお立ちになって下さい」と何度もくり返しています。立つ人、座る人で、ひとさわぎでしたが、汽車が走り出したら間もなく「二等の方は追加料金をお願いします」とその人ごみを分けて車掌がやって来たので、それぞれ追加料金を支払っていました。私の前に二十一、二歳の美しく化粧した若い女性がスキーを脇に置いて座っていましたが、車掌は彼女からも料金を受け取り「あなたも二等切符を始めに買ったんですから、お立ちになって下さい。一等の切符で立っている方が、まだたくさんいますから」といいました。その娘さんはバツの悪そうな顔をして「だって、それじゃ困っちゃうわ。朝まで立っているなんて」とモジモジしています。若い車掌も「立っていただかないと困るんですがね」とこれも困った表情で、何度もくり返していますが、その娘さんはやっぱり立とうとはせず、気の弱そうな車掌も、それ以上どうすることも出来ないような表情で、とうとう通り過ぎてゆきました。これは男だったら許されないことです。また男だったら「それじゃあ、困るなあ」とネバっていれば許してくれるだろうとも思わなかったと思います。これは女性がそれを意識さえしないで、世の中に甘えて生きているということではないでしょうか。この「女性だから許してもらえる」という、甘ったれた考えは、美しい女性なら、なおさら無くしてほしいものです。

ステラ・ダラス　1956年「ジュニアそれいゆ」

挨拶の言葉

「不出来でお口に合わないと思うんですが、ほんの少しお口よごしに……」といっては、自分で作ったお得意のお菓子を人にあげる。また「ほんの一つですが……」といって持ってきたお菓子が開けてみると十個も二十個も入っている。これが日本で古くから使われている、人に物を上げる時の挨拶の仕方でした。それをまた「日本の女性の挨拶はウソが多くていけない」とか「まわりくどくて馬鹿ていねいで、言葉に飾りが多すぎる。これでは本当の自分の気持ちを相手に伝えたことにもならない」とか、口やかましくいう人もいます。たしかにそうかもしれません。西洋では、「これは私が作ったお菓子です。とてもおいしく出来たので、ぜひたべてほしいと思って持ってきました」というでしょう。これだけきいていればまことにすっきりしています。しかし、これも西洋の一つの挨拶の言葉であって、西洋人は何でも本当のことをいうとは限りません。かげでは「いったいいくつなんだろう。厚化粧しているけど」などと噂している婦人にでも、面と向かえば開口一番「まあなんて美しいんでしょう。今日のあなたは花のように美しい」などと心とは全く反対のことをいうのが平気で、それがエチケットだといいます。

こうなれば国によってそれぞれ、習慣のちがいのようなものだから、そんなことはどちらでもいいのではないでしょうか。また、あまり謙遜しすぎたり、ほめすぎたりしないで、そして相手の気持ちをきずつけない、やさしい心づかいを持った言葉であれば、これが挨拶の言葉だときめなくてもいいのではないでしょうか。

訪問は相手の都合をたしかめて

しばらく会わなかった友だちを突然訪ねていって、驚かせるのも楽しいものだし、また思いがけない時に、仲の良い友人がヒョッコリ訪ねてくれたら、ワッとばかり、その喜びは大きくなるものです。しかしそれは、ごく親しい、ほんとうに裏の裏まで知りぬいているような友だちの場合にだけいえることで、まあ人を訪ねる場合なら、たとえその近所まで行った、そのついででも、まず公衆電話でなり、または前もって手紙で都合をきくなりするのがエチケットです。「お忙しければ、もうお玄関で失礼しますから」などといっても、ひさびさに来た友人を「そうですか、それでは」といって上にもあげずに帰すわけにもゆかない、と嬉しいはずの仲の良い友人の来訪も、かえって、わずらわしい思いにさせてしまうでしょう。

ちょうど取りこみごとがあって、バタバタしている時にでも、ぶつかったら相手も迷惑するし、こちらも気まずい思いで帰るようなことになるかもしれません。

自分は、むかしの友だちが、すごく懐しくなり、急に思いたって浮き浮きした気持ちで訪ねていったら、そのお宅にちょうど先客があって、相手は困ってしまい「ほんとうに悪いんだけれど、また日を改めて、ぜひぜひいらしてネ」などといわれたといって、「ずいぶん失礼だ」とプンプン怒っている奥さんがいましたが、そんなのは相手が失礼なのではありません。突然訪ねていって相手にとまどいさせた自分こそ失礼なことをしてしまったのです。気をつけましょう。

プレゼントの楽しさ

結婚のお祝、お誕生日、クリスマス、卒業や入学など、色々なプレゼントの楽しさを考えてみましょう。あなたのお誕生日に、親しい人や思いがけない人から贈物がとどいたとしたら、どんなに楽しいでしょう。その喜びを考えたら、贈る楽しさも持ってほしいものです。

よく考えて下さい。世の中の誰もがみんな贈ることだけを知っていたらそれでいいのです。そうしたら受け取る楽しさは自然に生まれて来ることになるのです。高価な素晴らしい物をわずかな人に贈るよりは、小さな物でも出来るだけ沢山の人に贈った方が、世の中にそれだけ受け取る楽しさを持つ人がふえるというものです。

だから、機会あるごとに、プレゼントをしましょう。贈物は、相手が一番喜んでくれる物を贈りたいのは当然ですが、それにはふだんからそれとなくその人がほしい物を気をつけて知っておくことです。

また、誕生日を、何げなく聞いておいてちゃんとメモしておきましょう。自分でも忘れていた誕生日に、ヒョッコリ祝電がとどいたり、贈物がとどけられたら、受け取る人の喜びは二倍にも大きくなることと思います。

折角の贈物はどんなに美しく包んであっても、お店の包装紙のままで贈るようなことのないように、チャンと美しい色の艶紙《いろがみ》などに包み直して、少しぜいたくなリボンをバッチリと結びましょう。お店の包み紙のままの方が、わざわざ買ったんだということがはっきりしていい、なんてあさましいことは考えないで下さい。

パリのお店〈街角の本屋〉1951年「ひまわり」

言葉のくいちがい

　朝、会った人には「お早よう」と声をかけましょう。明るい、さわやかな声で、心から愛情をこめて「お早ようございます」と挨拶をして下さい。そうしたら、それをきいた相手は一日中、幸せな心で暮らせるかもしれません。私たちのまわりには、そう幸せなことばかりが、ころがっているわけではありません。お互いが、ちょっとした心づかいで小さな幸せが生まれて、その積み重なりがあってこそ、私たちの暮らしの幸せは生まれるのではないでしょうか。

　誰かに呼ばれたら、元気よく明るい声で「ハイ」と誠意をこめて返事をしましょう。これも、相手にどんなに快くひびくことでしょう。返事は呼ばれたら、すぐするように。呼んでいるのに、しばらくしてから「何ですか」などというのはいけません。気持ちの良い返事をして下さい。

　人の足をうっかり踏んだ時、それがほんのちょっとで、相手も大して痛くなかったとわかっていても、即座に「ゴメンナサイ」と謝って下さい。「アッいけない」と心の中では悪いことをしたと思っているのに、相手が何ともないような顔をしていたので、つい「アッ」といっただけで、知らん顔をしているのは、よくありません。「アッごめんなさい」とはっきり、心から人の足を踏んだことを申し訳ない、という気持ちでいって下さい。こんな何でもない当り前のことだって、相手の人の心に、ポッと幸福の灯をつけることだってあるんです。

　お互いに、そんな心づかいがあったら、私たちの暮らしは、ずっと幸せになるのではないでしょうか。

美しい字を書く練習

もし一度も会ったことのない人から手紙をもらったら、何もかもその一通の手紙から想像するより仕方がありません。ていねいに書かれた手紙からは、お行儀の良い人を想像するし、流れるように美しい文字であったら、ステキな美人に思えるし、まるで小学生のように幼稚な字の手紙なら、頭の悪いだらしのない人を想像してしまうのも無理のないことです。せっかくすばらしい人が、字が汚いために損をするのは残念なことです。

また逆にあまり美しくない人でも、字がうまいということで、スッカリ見なおしてしまうことだっていくらもあります。「私は生まれつき下手なんだから仕方がない」とあきらめてはいけません。美しい字を書く練習をしましょう。それにはまずたくさん字を書きましょう。そして書きなれることです。

書きなれた字というものは、たとえ上手な字でなくても、心よく相手の胸に伝わってくるものです。また、誰かからもらった手紙で、こんな字は好きだと思うのがあったら、明日とはいわずすぐその場で、一生懸命マネて書いてみましょう。そして、その人の字のクセをぜんぶ自分のものにしてしまうのです。また自分ではどうしても上手に書けない字を上手に書いてあるのを見つけた時も、それを一生懸命マネてみるのです。

それをくり返しているうち、あなたの字はいつのまにか上手になっているものです。お手本を拡げて字の練習というと、オックウになってしまいますが、こんな方法だったら気軽に出来るはずです。

パパを尊敬する心を養う

「坊やはパパとママとどっちが好き?」などと小さい子供にきく大人はよくあるものです。そうすると、たいていの子供は「ママ」と答えるようです。「なぜ」ときくと「いろんな物を買ってくれるから」と答えます。パパは一家をささえている大切な人です。しかし、ママにくらべて子供に接触する機会が少ないために、幼い子供にとってはパパを理解することは難しいようです。ですから、例えば、子供が何かねだった時でも、ママはすぐ買ってやるのではなくて「じゃあ、パパと相談してみましょうネ」とか「パパがいいっておっしゃったらネ」というふうに、その翌日にでも、また、次の機会にでも「パパが買ってあげなさいっておっしゃったから、サア買いましょうネ」といって下さい。買った物は子供がちゃんと、パパに見せ、子供の口から「ありがとう」とお礼をいわせる習慣をつければ、ママを通じて、自然にパパを尊敬する心を学ぶことになるでしょう。パパの帰りがおそくてイライラ。ママはつい「いったいパパは何をしてるんでしょうネ、困った人ネ」というようなことを子供に話しかけたりするものです。幼い子供でも案外敏感に母親の心の奥を読み取って、知らず知らずの内に父親をうとんじるようにならぬとも限りません。夫婦ゲンカをして、その気持ちのやり場がなくて、つい子供にパパよりママの方が良い人間で、子供をより多く可愛がっているのもママなんだ、というようなことをいってきかせて、子供を自分の味方にしていい気持ちになっているママもいます。父親への不信を子供の心にうえつけることは、伸びてゆく子供にとって大きな問題ではないでしょうか。

ささやかな滴も　1949年「ひまわり」

男性の好意を感謝の気持ちで

男性と女性がいっしょにお茶をのんだ時、何のためらいもなく「お金を払うのは男ときまっている」とばかりさっさと出てゆく女性がよくあるように思うのですが、たとえ男の方が誘ったのでも、当り前のような顔はしないで、軽くお礼くらいはいった方がいいのではないでしょうか。最近のように、男性も女性も同じように働いているならなおさらのこと。

たとえ恋人同士でも、ときどきは「今日は私にまかせといてよ」というふうにあなたがお金を払うべきではないでしょうか。そうすれば、あなたの人柄は相手の胸をほのぼのとあたためて、そこにまた新しい愛情が生まれるというものです。これは映画を見る時も、お食事をした時も同じことです。

といっても、男性というものは、本能的に女性にたよられたい、という気持ちを持っているもので、お金を払うこともその気持ちの一つのあらわれで、イヤイヤ払っているのでもなく、またミエを張っているのではないはずです。だからといって当り前のような顔をしている女性より、ちゃんとお礼をいったり、ときどきは自分で支払おうとする女性の方が、そのこまかい心づかいが感じられて、どんなにその女性が美しく目にうつるでしょう。いつも彼に一方的に負担をかけすぎないように、それくらいの心づかいはもっていてほしいものです。

ここで一つつけ加えておきますが、なるべく女性に払わせて、当り前のような顔をしている男だったら、今後あまりおつきあいをしない方がいいようです。

ミットモない女の酔っぱらい

暮れから新年にかけては、忘年会、新年会がつきものです。最近のように若い女性がみんな働くようになると、女性もそんな席を共にする機会も多いわけですが、だいたい日本人は「お酒を飲めないから」と断っても「まあ、まあ」と無理に飲ませることがエチケットのように思っているようです。

相手が女性の場合でも同じことで「一杯ぐらいツキアイなさいよ」とか「少しぐらいなら大丈夫」といって無理やり飲ませることもあるようです。

このごろは、ほんとうにお酒を飲む女性も多くなりましたが、「どうもありがとう。私、ワリにイケル口なのよ」などと、グイと飲みほし、ケロリとしていると「なんだスゴイじゃないか、じゃもう一杯」などと勧められて、もう一杯ということになってしまいます。

そんなことから、男子社員の中に交って、結構、人気者になったような気分になり、あげくの果てにへベレケに酔ってしまうこともあるようです。

しかし、会の席でお酒の飲める女性ということで人気者になったとしても、それは人気ではなくて、男たちが女の酔態をみて面白がっているだけなのです。

だいたい女の酔っぱらいぐらい、みっともないものはなく、後になれば「アイツ相当なもんだよ」と噂されるくらいがオチです。女性が酔っぱらって、クダを巻いて、吐いてしまったなどというのでは、全くお話にもなりません。

働く義務と権利

これは、ある洋裁屋さんの話です。といっても、ここのご主人はもともと商人ではなくて、趣味からこの商売を始めた人でした。仕事場には、若い女性が十人あまりいて、普通の仕事場のようではなく、仕事をしながらテレビでおぼえた歌を教え合ったり、最近見た映画が素晴らしかったなどと話し合ったり、つまり洋裁学校の延長のような形で、それだけに能率も上がらなかったようです。つまりあまりもうからなかったわけです。それでも、主人は大目に見ていたばかりか、おやつ時には、みんなのために、おいしいお菓子を買ってやったりしたものでした。ある時、どうしても明朝までに納めなければならないものがあって、主人は「君たちすまないが、今日は一時間ほど、残って、その仕事をやり上げてほしい」といったそうです。一応皆それを承知した形でしたが、誰かが小声で「朝は九時から午後六時までっていうことで私たちは月給もらってるんだから、残業手当もくれないんじゃあいやだワ」という声がきこえて、みんなもほんとにそうだという表情だったそうです。主人はカッとなって「それでは君たちは朝九時にキチンと来る者は大変少ない。手を休めて、おしゃべりをしていることも私はよく知っている。月給をきめる時に、おしゃべりで手を休めてもいい、遅刻をしてもいい、とはいわなかったはず。結局――職場を家庭的に考えすぎていた私がいけなかった。それでは、今後君たちが遅刻をした時には、一時間いくらかで月給から差し引くことにしよう」といったそうです。なるほど遅刻をした時のことはタナに上げて、残業手当だけはガッチリほしい、というのはあんまり感心出来ませんね。

君と歌わん　1950年「ひまわり」

Column 3

幸福な会話は生活のオアシス

——話をするエチケット——

1949年「それいゆ」11号

かしましい、という言葉を漢字で書くと、姦しいと書きます。女性にとってはずい分失礼な話だが、そう柳眉をさかだてる前に、これは女の人の話好きであることを表現した言葉だと解釈もできるでしょう。話好きというのは決して悪いことではない。

話上手で快く人と話し合えることは、人生での大きな喜びであり心のあたたまるものです。

楽しい会話のあとの明るさ、それは下らぬ映画を観たよりもずっと明るく喜ばしい。

しかし日本婦人の話しぶりは、正しい意味ではあまり社交的とはいえません。

楽しく話をするそれだけのことにも、守らなければならないエチケットがあります。どんな場合にも社交的な楽しさには、エチケットの裏づけがなければ楽しさを充分に味わえません。

1　共通の話題を見つけよう

同窓だったお友達が久しぶりに集まったというような時は「誰々さんは今日お見えにならないけど、どうなすったのかしら?」「あら、御存知なかったの? あの方御結婚なすったのよ」といった風に、自然に共通の話題が生まれてきて、会が一層楽しくなるものです。

ところが、全然ゆかりの無い人達ばかりが集まった時など、誰も共通の話題を見つけようともしないで、たまたま顔見知りの人でもいると、ほっとしたようにその人にばかり話しかけようとする。

いや、知っている人達ばかりであっても、例えば四人で顔を合わせているのに、お互いに隣同士でばっかり話し合って二人ずつ二組に分かれてしまう。こんな経験をお持ちではないでしょうか。

共通の話題を見つけることは、こんな時にぜひ必要なことなのです。

2　共通の話題を作るには

「だって、知らない人ばかりでは、どんなことが共通の話題なのかわからないじゃないの」

こんな抗議もありそうです。たしかにそうかもしれません。

だがもう一歩すすめて、共通の話題を、自分で探しだすように工夫してほしいものです。同席した人達の誰一人にも、面識も予備知識もない場合は、相手の年齢から判断して話しかけることも出来ます。例えば、それが若い人ばかりなら「我等の生涯の最良の年、あの映画素敵でしたわね。御覧になりまして?」

年輩の人達なら、「失礼ですが、お子さまは?」

「どちらにお住まいでいらっしゃいます?」

こんな調子で話を持ちかけて、その会話の中から相手の人の輪廓を摑《つか》んで、更に話を発展させてゆく。要はその場、その時のあなたの頭の働きで、話の緒《いとぐち》はいくらでも見つかります。

3　話題は沢山持とう

お友達同士では結構しゃべりまくる人が、あらたまったお客を前にすると、「めっきりお寒くなりましたが、お宅さまも皆さまお変わりございませんか」と手紙の文句みたいな、鹿爪らしい挨拶のくり返ししか出来ない人があります。こんな紋切形の会話をいくら長くつづけていても、お互いに退屈するばかりで、楽しくありません。

これは、面白い話題、それも誰に向かってでも話せるものを持ち合わせない証拠です。

こんな人のお友達とのおしゃべりなど、お隣の犬がどうしたとか、台所にネズミが出て困るわとか、およそ内容のない唇の振動の連続ではないのか、と思いたくなります。

絶えずいろいろなことに眼を配って、ピチピチした話題を豊かに持つように心がけましょう。それでなくとも、家庭に居る人は、話題が乏しくなりがちです。

4　話し上手、聞き上手

俗に「話し上手より聞き上手」といいます。上手に話をすることも難しいことですが、相手に快く話させるようにする聞き手になることは、もっと難しく、大切なことです。相手が面白そうに自分の話を聞いてくれると気づくと、話の下手な人でもつい興に乗って、思いがけない話術の妙を示すこともあります。そうかといって、お互いが聞き上手になろうと競争していたのでは、だまってにらめっこをするようなことになります。だからそれも適当にすることで、話上手であって聞き上手という二つの面を持たなければならない訳です。面白い話題を次々に投げかけながらも、それで相手を圧倒してしまわずに、その間に相手が話し始めたら、さあ喜んで聞きましょうとすぐ聞き上手に廻れる人、また、面白く話を運びながらも「あなたはどうお考えですか?」という風に、相手が話しだせる緒を作ってあげる心遣いもほしいものです。

5　話術について

話術、つまり話をするテクニックのうまさとは、自分が話しだそうとすること、また話していることの、中心をしっかり掴んで話をすることが第一です。さらにその話を巧みな表現で肉づけられれば、それはもう立派な座談の名手ですが、そこまでは望めないまでも、感激した話、面白かった話、怖ろしかった話、どんな話にせよ、どこが、どういうことが、この話の感激的なものにしているか、面白いものにしているか、その話のキイをおさえて話を運ぶことによって、話はひとりでに相手を感激させたり、面白がらせたりするものです。自分では面白がらせようと思って、話をすすめているのに聞き手は余り面白そうな様子が見えない。こんな経験をお持ちではありませんか。こんな風に話の上手でない人はあまり細かく描写を運ぶようなことをせずに、適当に中心だけをサラサラと話すようにしましょう。

6　自分ばかりしゃべらないで

「今度の日曜にハイキングに行こうと思うの……」と長々とハイキングの話をしているうち、いつの間にか映画の話に移り、再転してこの秋の流行を語るなど話題は次々に移ってゆくが、その間、相手に一言も口をはさませないという猛者がいます。こういう人に限って、相手が「私、いま、困っていることがあるの……」といいかける途端に「そう、私もなのよ」と引ったくって、長々と自分の困りごとを述べたてる。相手の人の困っているのが、何であるか聞こうともしない。ましてや一緒になって考えてみようともしない。ただ自分がしゃべっている幸福に酔って、相手の気まずい様子など、おそらくこの人の眼には映らないのでしょう。自分ばかりしゃべるといえば、自分が面白い話をし始めようとすると、まず自分が笑いこけてしまって息をきらせながら、その話をする人がありますが、これもかえって相手を苦痛におとし入れるばかりです。

7　話を聞く態度

座談というものは、いつも映画のせりふのように、面白く簡潔に運ばれるとは限りません。そんな時、うんうんとうなずきながら窓の外を眺めてみたり、手近の雑誌をとり上げてパラパラ頁をめくったり、気が散っているのを相手に感じさせるのは礼を失します。

「もちろんそんな失礼なことはしないわ」という人でも次のような場合が無いとも限りません。

それは何人かが集まった席上、一人が皆に話しかけている最中それが自分に興味のない話題だと、ふっと窓から秋晴の空をながめて、アア素敵なコバルトブルーだわ、あんな色のスーツ作ったらいいだろうなあ、などと妄想にふけってしまうことです。

私一人くらい聞かなくても、という気持ち、それが話し手の心にどんな印象を与えるか。案外これが座を白けさせる原因にならぬともいえません。

8　話の腰を折らないこと

相手が一つの話題を取り上げて、熱心に話しているのに、突然別な話題を持ちだす人があります。

我ら如何に生くべきか、というような厳粛な問題を眼を輝かして論じている矢先、一心に聞いているはずの相手が「アァそうそう、この間銀座でとても素晴らしいハンドバッグを売ってたわ」などといいだしたらどうでしょう。いや、それほど深刻な問題でないまでも、

「この間『ウェルテルの悲しみ』を読んだけれど素晴らしい作品だね」とゲーテを語っていると突然として「伯父の家のテリアが仔を産んだのよ」などといいだされたら、そのテリアに喰われてしまえ、と腹の中で思いたくもなるでしょう。

それが相手の話題を打切らせようとする手段としたら、もっとおだやかな方法があるし、もし全然相手の話を聞いてなかったためだとしたら、ますます不都合千万です。

9　二人だけに通じる言葉

三人もしくはそれ以上の人が集まって話し合っている時に、その中の二人だけ（自分と自分が話しかける相手と）にしか通じない流行語やシャレをはさんだりして、話をするのは止めましょう。

どうしても、その場で二人だけで話し合いたい仕事上の話など（そんなことは出来るだけつつしみたいが）専門語がまじるのは仕方もないが、皆と楽しく話し合っている際に、

「この間のあれどうして」「あのこと。後で話すわね」などと二人でニヤリとするのは、悪趣味の部類に属します。

こうした、第三者に判断できない特殊な洒落などということを昔から「楽屋落ち」と称して、嫌味なものとされています。そんな場合にぶつかった他の同席者たちは、自分達が馬鹿にされているような心理におちいって、たまらなく不愉快になるものなのです。

10　笑いについて

相手がおかしい話をしている時、一緒にこころよく笑うということは、もちろん必要なことです。

けれど、相手が、さほど大笑いを期待しない話題、軽い笑い話をしているのに、アハハハハとお腹をかかえて、とってつけたように笑い崩れるのは、いかにも面白いお話でしたとお世辞じみて、話手はかえって興ざめします。単なる笑い話にしても、よく話手の気持ちをくんで聞きたいものです。

それから、話しながら、一々笑ってみせる人がありますが、あれはこころよい微笑ではなくて、話題の乏しい人が、間を持たせようとするごまかしとしか見えません。もう一つ、言葉尻でやたらに笑ってみせる人「いつぞやは夫が上がりまして、オホホホ、いろいろとお世話になりましてオホホホ……」などというのは、卑屈な感じを与えます。笑うべき時には笑い、必要ない時はやたらに顔を崩すべきではありません。

11　プライヴェートな質問

話題がないからといって、相手のプライヴェートなことをたずねるのは失礼です。先方からいい出したのならともかくも、年齢をたずねたり（これは男の場合もですが、婦人に対しては絶対いけません）学歴とか、俸給の額とかを根掘り葉掘り問いつめるのはいけません。

「私共の結婚式は××会館でやりましたの。あなたさまは？」と問いつめられて「あのう、私共は……」と口ごもって、あからさまに答えにくい人や、場合もあるでしょう。そこまできてから、しまった、悪いことをたずねたと思っても手遅れです。いまさら引込みもつかず、相手の心に深い手傷を負わせ、自分も何の得にもなりません。

外国では、そんなプライヴェートなことは、入社試験か、必要な時でない限り、立ち入ってたずねることはしません。

個人の自由を尊重するということは、案外そんなところからも実践できましょう。

12　自慢話はつつしもう

「どうも近頃は生活費がかさむことに驚かされますわ。私のところなど、月にどうしても十万はかかりますの、本当に弱ってしまいますわ。お宅さまなども、ずい分おかかりになるでしょうね？」

　こんな会話を交しながら、あまり弱っている顔もしないけれど、お宅さまは？　と質問の形式を備えながらも、相手の「いいえ、手前どもなどはもう、とても問題にはなりません」という答えまで用意して、相手の発言を待っている人があります。

　罪のない、といえばそうも考えられる単純さですが、それにしても、自分の華やかさを引立てる手段に相手の貧しさを利用した、自分だけの話題を華やかにくりひろげてみせるようなやり方は、絶対に紳士淑女のやり方ではありません。これを意識してやっている人は、地獄に落ちよ！　です。何気なく、自然に口にしやすい自慢話としたら、即刻改めたいことの一つです。

13　他人の噂はしないこと

「この話ね、ここきりの話だけれどSさんたら、今度が三度目の御結婚なんですって……」と、噂話の楽しさにとっておきの秘密をこっそり御披露したが、巡りめぐってSさんの耳に入って、絶交状をつきつけられました。

「まあ意地悪……一体誰がSさんにしゃべったんでしょう」と、自分のことは棚に上げて、あの時一緒に噂をし合った仲間を恨んだりします。

「あなたのことをTさんがこんな風にいっていたわ」などと告げるのも、Sさんに恥をかかせる結果になります。

　秘密をそっと打ち明け合う楽しさは、話し合っているお互いを非常に親しくするように感じますが、その相手が、他所へ行ってあなたのことをこそこそ噂するかもしれません。こんな座談の興味は一番低級。こんな話題を選ぶのは不愉快なことを作ってゆくだけでしかありません。

14　避けたい話題

　どんな人にも、少なくとも一つは、誰にもふれてもらいたくない弱点があるものです。

　それが肉体的なものか、精神的なものかは人によってそれぞれでしょうが人間が神でない証拠かもしれません。いえ、神々の世界でさえも、嫉妬も憎悪もありました。

　美しくないと自覚している人の前で美しい人の噂をしたり、肉体的欠陥のある人の、その欠陥にわざと話題を求めたりすることは、刃物よりも鋭くその人を傷つけます。どんなに親しい間柄だからといって、相手の弱点にふれることは心ない業です。そうかといって、その弱点をわざと避けて話しているのだとありあり感じられる話しぶりも、不自然でぎこちないが、要はそうしたふれられたくない点には、生涯ふれまい、と、いうほどの強い意志と温かい思いやりによって、あなたの話が自然に息の通った面白いものになるのです。

15　話題を高めよう

　何人かの女性が集まって、熱心に話をしています。みんな瞳を輝かせ、頰を紅潮させて。

　さてその話題は？　といえば、近頃は繊維類が出廻ってきたから、新しい服を作りたい、あの型はどうかしら、それともこんなスタイルでは……外米の配給はかりで嫌になっちゃう、あんな物が食べたい、こんなお料理作りたいわ……というような、キモノ、食物、物価の高いこと、こんな範囲に限られてしまっているのは情けない。もちろん、キモノや食べることや、暮らしむきのことは、みんな「共通の話題」にはちがいないが、それだけでは、単なる井戸端会議でしかありません。

　キモノや食べもの、暮らしの話をもっと掘り下げれば、政治、経済、文化にまでつながってゆく問題にもなりましょう。さらにそれを適当に切り上げて、芸術や宗教の問題まで含めて、婦人の話題を、楽しい、社会性のあるものに高めたいものです。

「それいゆ」表紙　1956年

絵と言葉の美術館 II

日々、そばに置きたい美しい絵と一言メッセージを集めました。

白雪姫　1968年「七人のお姫さま」

人は夢を持たずに理想を実現させることは不可能であろう。
かくありたいと願う心、それが今までの文化を築きあげてきたとも
云えるだろう。
これは、私の心の奥の、夢の断片である。

（1949年「それいゆ」11号〈夢を生かす机〉）

シンデレラ姫　1968年「七人のお姫さま」

人魚姫　1968年「七人のお姫さま」

いつも幸せを感じるように努力することが大切なことです。

雪姫　1968年「七人のお姫さま」

ポストマニ姫　1968年「七人のお姫さま」

毎日当然のことの中にしあわせを発見してほしいものです。

「ジュニアそれいゆ」表紙　1958年

色と同時に考えるのは型――
型や色よりはあなた自身のスタイル――
スタイルより大切なのは姿勢――
そして最も大切なのはあなたの動作です。
(1938年「少女の友」11月号)

「ジュニアそれいゆ」表紙　1959年

装うとは身も心も装うことだ。
心美しからざる人がどんな
衣裳をまとうとも、人の魂を
打つ美は生じて来ない。
(1947年「それいゆ」3号)

どんな小さな貧しいものでも、
あなたが真心こめて贈ろうとする、
その心が大切なのです。

「パリーの花屋」便箋の表紙

美しい心は清潔な心、
美しい装いは
清潔な装いである。

私達が日常目にふれるすべてのものは、一つとして色のないものはない。とりわけ目にこころよい美しい色の数々がどんなに私達の生活に、うるおいと豊かさを与えてくれていることか。そうした美しい色を積極的に取入れて、日常を楽しいものにしてゆくには、配色の美しさということを知っていなければならない。

（中略）

すぐれた色彩の感覚を身につける事は文化人の誇りである。

（1948年「それいゆ」8号）

ゼイタクな美しさでなく、
神経のゆきとどいた美しさ。
理智の眼が自分をよくみ
ている美しさ。そんな美
しさを生み出していただ
きたいのです。

（1949年「ひまわり」5月号）

P.102：5月とあなた　1966年「美しい十代」
P.103（2点）：クリスマスカード（商品）　1933年

花の日記　1941年

一月　梅

二月　フリージヤ

三月　すみれ

四月　たんぽぽ

五月　勿忘草

六月　あじさい

七月　睡蓮

八月　けし

九月　桔梗

十月　コスモス

十一月　菊

十二月　水仙

花のある部屋に生活していることが、いつとはなしに私たちの心を美しいものにしてくれます。

（1949年「それいゆ」9号）

「ジュニア
それいゆ」
から

ジュニアが良い大人となるために

〝十代の人の美しい心と暮らしを育てる〟ため、淳一は1954年少女雑誌を創刊。当時、熱狂的な支持を受けた「ジュニアそれいゆ」から印象深いエッセイの数々をお届けします。

暮らしの中の楽しみ

1958年７月号

人には、それぞれの立場がありますね。お家の中を例にとってみると、お父さまにはお父さまの責任があり、お母さまにはお母さまの責任がありますね。もし、お父さまが、お父さまの立場をはなれて、自分勝手なことをしてしまったらどうなるでしょう……。そのお家の中はメチャメチャになってしまい、とても不幸な結果になってしまうでしょうし、お母さまがお母さまとしての責任を充分考えなかったとしても、いけないことであるとはわかっているはずです。それと同じように、ジュニアにはジュニアとしての責任があります。うんと勉強をしていろいろなものを学びとり、立派に成長してゆく責任をおわされている年ごろに、それを忘れた様な生活をするというのは良いことではありません。

「楽しむ」ということには、いろいろなことがあります。音楽、おしゃれ、おいしいものを食べること、切手を集めること、映画演劇の観賞などたくさんありますが、それは全部、誰の生活の中にも、またどんな暮らしをしていてもその「楽しむ」ということは、なくてはならないのだ、といってもいい程大切なことなのです。しかし、人間が「本当に果さなければならない責任のある大切なこと」を充分にやりとげた後で楽しむべきものなのです。

ですから、その「楽しむ」ということをすることによって、自分の本当に責任のある生活に、マイナスになる様な楽しみ方では良くありませんね。

では「本当に果さなければならない責任ある大切なこと」と「楽しむ」ということは、どんな関係にあるのかを、皆さんと一緒に考えてみましょう。

例えば、あなたのお父さまは、お仕事を一生懸命しておられるでしょう。これは、男の人として、社会での責任を立派に果していることでもありますし、あなたのお家での、お父さまとしての責任を立派に果していることでもあるでしょう。お父さまがこうして立派に責任を果して下さるので、あなたや、あなたのお母さまたち家中の人が安心して暮らすことが出来るのです。

そのお父さまが、囲碁や将棋、ゴルフなどがとてもお好きで、時々会社をサボってまでもそんな「楽しむ」ことに熱中していたらどうでしょう。そのことは、お父さまが、男としての「果さなければならない、責任のある生活」をしているとも言えないし、家庭の中で、本当にみんなが幸福に暮らしてゆくためのお父さまとしての役割を立派に果していることにもならないでしょう。

そんなふうに、自分が果さなければならない一番大切なお仕事を忘れてしまっているようなお父さまだとしたら、あなただって、何かひとことぐらいお父さまに言ってもみたくなるのではないでしょうか。

そんなことが、本当にあったとしたらとても悲しいことですね。

では、お母さまの場合はどうでしょう。お母さまのお仕事の中で一番大切なものは、一体何なのでしょうか。

趣味に生きるのだとおっしゃって、お茶や生花の会などに毎日の様に出かけたり、芝居がとても好きで、新しい芝居がはじまると、もうお家にじっとしておれなくなり、美しい着物を着ていつもお出かけだとか、婦人会のお仕事で今日は孤児院の慰問、明日は街をきれいにしたり、養老院に行かねば、と社会事業に熱中しているお母さま、こんな人があなたのお母さまだとしたらどうでしょう。いえ毎日の様にお家をあけなくても、趣味のお人形作りに熱中して、あなたが学校から帰って話しかけても返事もして下さらないといったお母さまでも困りますね。

これではお父さまだって、安心して外で働くことも出来なくなるのではないでしょうか。お仕事でとても疲れて、やっとお家に帰って来てもお母さまは、婦人会のお仕事に行っていて夕食の用意がいつも出来ていない……。そんなお家では、お父さまだって会社からまっすぐお家に帰って来るのもいやになってしまうでしょう。

でも、婦人会のお仕事で街をきれいにすることにしても、生花や観劇にしても、人形作りでも、どの一つをとってみてもそれは悪いことではありません。社会事業も、趣味に生きることも、それは良いことだとか、良いおこないだとか言われていることです。

それなのに、なぜ前に例をあげたようなお母さまだと家庭が不幸になるのでしょう。それは、そのお母さまが、お母さまとしてのお仕事の中で一番大切なことを忘れているからではないでしょうか。

それでは、お母さまとして、一番大切なお仕事とは一体何でしょう。それはやはり、家庭をまもること――お父さまが安心して外でお仕事が出来るようにしたり、子供を立派に育てること――ではないでしょうか。ですから、家庭の中で自分がしなければならない一番大切なことを充分に果さないで、自分の、「楽しみ」にばかり目を向けるお母さまは、やはりよいお母さまとは言えないのです。

このように、一番大切なお仕事をないがしろにしてしまうと、良いと言われていることで「楽しんでいても」家庭の幸福をなくしてしまう結果になることを忘れてはいけません。

ここで、あなたの場合を考えてみましょう。あなたにも、あなたがしなければならない、とても大切なものがありますね。

あなたがまだ学校に行っているとしたら、学生時代にしなければならない一番大切なことは、やはり勉強だと思います。でも一日中勉強ばかりしていろと言われても、そんなことは出来るものではありません。

そこで生活の中の「うるおい」というものが、当然必要になってくるでしょう。生活の中のうるおいとい

うものは、毎日のお仕事や勉強をもっともっと効果的にさせるための、なくてはならないものとも言えるでしょう。

人によってちがうでしょうが、音楽の中にうるおいを求める人もあれば、映画の観賞の中にうるおいを求める人もいるでしょう。

でも、それが度をこすと、あなたがしないといけない「一番大切なこと」まで忘れてしまって「楽しむ」ことだけになってしまい、先にあげた悪いお母さまやお父さまの例の様なことになってしまったら大へんです。

学校をサボってまでジャズ喫茶に行く様な人でも、最初のうちは、生活のうるおいというものを、音楽の中にみつけようと思っていた人たちだったかもしれません。でもそれが、今では学校までサボる様になってしまっているのは、やはり「本当に果さなければならない責任のある大切なこと」を忘れてしまったからではないでしょうか。

お父さまにはお父さまらしい生活があり、お母さまにはお母さまらしい生活が、おつとめをしている人には、おつとめ人らしい生活が、そして、学生には学生らしい生き方があるのです。みんなが一番自分らしい生き方をすることで、一番幸福な、豊かな、なごやかな家庭を作ることが出来るのです。

「楽しむ」ということは、一生懸命に仕事や勉強をした後にあって、はじめてその価値があるのですから……。

フィレンツェの少年筆耕　1956年

フィレンツェの少年筆耕　1956年

人間の生き方の中で一番正しい生き方は、自分らしい生き方をすることだと思います。あなたのお母さまが、お母さまらしくなかったり、お父さまがお父さまらしくなかったりしたら、とてもいやなことでしょう。

ジュニアは、ジュニアらしい生き方をしましょう。それが一番美しいことなのですから。

1958年７月号

あなたの身のまわりからしあわせを

1956年11月号

1 しあわせとはどんなものでしょう

身のまわりのしあわせ――しあわせという言葉を聞くだけでも何かほのぼのとした気持ちになって、嬉しくなってしまう。しあわせというのは本当にすばらしいものですね。では「しあわせ」というものは一体どんなものでしょうか？ それはとても難しくて「こういうもの」と言おうとしても言葉では言えないものです。そして世界中の人たちが皆一人一人、一生涯かかって一生懸命に求めているのが「しあわせ」です。

2 お金があればしあわせでしょうか

「ジュニアそれいゆ」の読者のあなたたちもきっとしあわせになりたいと願わない人はいないに違いありません。ところであなたたちの中に「もっとお金が沢山《たくさん》欲しい、お金が沢山あれば私はしあわせになれる」と思っている人はいないでしょうか？ お金があればしあわせになれるということは、それは間違っているとは決して言えません。けれどもお金が沢山あってもしあわせでない人もいることを皆さんは知っているでしょうか。

3 お金がなくてもしあわせになれる

「もっとお金が欲しい」と思う心は、あった方がもっとしあわせになれると思うから、結局もっとしあわせになれるという期待があるからなのです。けれどお金があっても不幸な人もいますし、お金がなくてもしあわせな人もいます。そのどちらがいいかと言えば誰でもたとえお金は少なくてもしあわせの方がいいと思うでしょう。また「もっと美しくなれれば私はしあわせになれるだろう」と思う気持ちも同じことが言えるのです。

4 しあわせは摑《つか》んでいられる物ではない

お金があるとか綺麗《きれい》だとかいうことは、たしかにしあわせになれる条件に違いありません。けれどしあわせというものは品物ではないのです。何かそのものをしっかり摑《つか》んでいればしあわせになれるというのではないのです。お金や綺麗だとかいうことは私たちは摑んでいることが出来ますが、それはまた不幸の条件になることだってあるのです。しあわせとは自分の心の中の喜び、一人一人の心の中にあるものなのです。

5 しあわせはその人の心の中にある

しあわせは心の中にあるもの、つまり自分がしあわせと感じることです。どんな身のまわりにしあわせになることが沢山あっても、もし自分で「ああ、私にはこんなしあわせがある」と感じなかったら、それは結局どうにもならないこと、その人は決してしあわせになることは出来ないのです。しあわせになりたかったら、自分の身のまわりのしあわせを自分で感じるような人になることが一番大切だということを知って下さい。

6
こんな人たちは しあわせにはなれない

自分にはしあわせになることが沢山あるのに、他の人にあって自分にないものを見て不満に感じたり、五つのしあわせがあるのに八つ持っている人のことを羨《うらや》んでみたり、また、自分がしあわせになるものを持てた時に「だけどあの人は私よりずっと前からこんなしあわせを持っていた」とか「こんなしあわせは誰だって持っているのだから、私が持てるのだって当り前だ」などと感じたりしていては一生しあわせにはなれません。

7
何でもしあわせに 考えるパレアナ

少し前の「ジュニアそれいゆ」に載っていた『パレアナ』の物語を皆さん覚えていますか？ パレアナはどんな不幸でもそれをしあわせと考えることを喜びとしていた少女です。例えばこんなふうに——。父母をなくしたパレアナは伯母さまに引き取られます。伯母さまの家でパレアナに与えられた部屋は屋根裏の殺風景で淋しい、鏡さえもない部屋でした。パレアナはそんな部屋に住むことをとても不幸だと悲しんだでしょうか？

8
ソバカスを 見ないですむしあわせ

初めパレアナは悲しく思いました。けれどもやがて気をとり直して考えたのでした。「鏡がなければ私は自分のソバカスを毎日見ないですむんだわ。私の大キライなソバカスを見ないでいられるなんてしあわせじゃないの」——パレアナのような少女が一番しあわせかどうか、それはわかりません。けれども何事にもしあわせを感ずる方が、何事にもちっともしあわせを感じないというよりずっと良いということはわかるでしょう。

9
しあわせは それを感じる瞬間にある

しあわせはまた、自分がしあわせだと感じたその瞬間にあるものです。何にでもしあわせを感じる人はその瞬間が沢山ある人、本当にしあわせな人と言えます。同じ状態にいてもそれをしあわせと感じる瞬間を持てなかったらその人はふしあわせな人なのです。瞬間にあるそのしあわせは一度摑んだらそれでいい、それでずっとしあわせというのではなくいつもしあわせを感じるように努力することが大切なことです。

10
手を美しくする話 によせて 1

例えばここにあまり手の綺麗でない少女がいたとしましょう。少女はその手を美しくしたいと思い水仕事の後にはコールドクリームをすりこんだり、夜寝る時には手袋をはめたり、また爪の間に汚れのないように気をつけたり一生懸命努力してやっと綺麗な手にすることが出来たのです。さてそこで「ああ綺麗になった」と喜んでそのままにしておいたらどうなるでしょうか？ 少女の手はいつまでもその綺麗なままでいられるでしょうか。

11
手を美しくする話 によせて 2

もし少女がせっかく綺麗になった手を「ああ綺麗」と思ってその後何も手入れをしないでいたら、その手はまた前と同じように汚くなってしまいます。「ああ綺麗」という瞬間はそのままでは長くは続きません。その手を綺麗に保つためには、やはり一生懸命綺麗にしようと努力を続けなければならないのです。しあわせもこれと同じことです。「私はしあわせだ」と感じただけでは、いつまでもしあわせというわけにはいかないのです。

"Oh, I'm so glad, glad
cried an eager voice in her
I'm Pollyanna, and I'm so glad
me! I hoped you would."
There was no answer.
busy, apparently, with her
Pollyanna, standing at the
a little wistfully at the
"And I can
isn't any
here, too,
there isn't
can't see my
Pollyanna
softly.
"Well that's
you know, any way".
"Yes; the just
game". "Whatever
are you talkin' about?"
Left alone, Pollyanna
went back to her
glad to see you,"
ear. "Of course
you came to meet
Nancy was very
head in the trunk.
bureau, gared
bare wall above.
be glad there
looking-glass
'cause where
any glass
freckles."
laughed
the game,
"The-game?"
being glad'
in the world
Pollyanna
JUNICHI.NAKAHARA

パレアナ　1956年

青い鳥　1955年

しあわせはまた、自分がしあわせだと
感じたその瞬間にあるものです。何にで
もしあわせを感じる人はその瞬間が沢山
ある人、本当にしあわせな人と言えます。

1956年11月号

12
しあわせは努力が大変大切なもの

学校の成績のことで考えてみましょう。成績が悪いというのは不幸なことです。それが一生懸命に勉強して良い成績が取れたら誰でもしあわせと感じるに違いありません。ところで良い成績が取れて嬉しいとただうかれてばかりいて、努力することを忘れていたら、次の試験の時にはまた成績が下がって不幸を感じることになるでしょう。良い成績をずっと持ち続けられるように努力してこそ、いつもしあわせは感じられるのです。

13
自分の才能を一層発揮するしあわせ

けれど神さまから受けた才能というものは一人一人違っています。そんなに努力しないでも良い成績が取れるという人もいます。沢山才能を受けた人はその才能を喜んで一層その才能を発揮出来るようにすること、それが本当のしあわせです。少ない才能の人が一生懸命努力して取った80点と才能のある人が何の苦もなく取った80点とをくらべれば才能のない人の80点の方がずっとずっと大きなしあわせなのです。

14
大きな理想に向かって努力するしあわせ

今自分があるがままに満足だけを感じているのも勿論《もちろん》しあわせの一つに違いありませんが、ただそれだけではいけないことはよくわかると思います。大きな理想を持ってそれに向かってしあわせを求めようとするのは本当に大切なこと。毎日毎日努力を続けて大きなしあわせを感じることはどんなにすばらしいことでしょう。けれどその理想通りにならないからといってしあわせを感じない、不幸だと思っては何にもならないのです。

15
空気や太陽があることも大きなしあわせ

さて、身のまわりのしあわせを皆さんそれぞれで考えてみて下さい。身のまわりのしあわせの中でまず一番に私の頭に浮かぶことは空気があることです。そんなことは当り前だ、そんなことにしあわせを感じるなんてバカみたいと思う人がいるかもしれませんが、もし空気がなかったら私たちは生きていることは出来ないのです。太陽も同じことです。空気や太陽のあるしあわせと同じ様なしあわせを忘れている人はいないでしょうか。

16
当り前と思うものにしあわせを感ずる

例えばお父さま、お母さまがいられるというしあわせ。お父さまお母さまのない人にとっては絶対に欲しい、いられるだけでどんなにしあわせだろうと思うものですが、ある人はそのしあわせをつい忘れがちなものです。また健康のしあわせ。健康でいる時は何とも感じていないけれど、病気をしてみて初めてそのしあわせはわかります。また家があるというしあわせも同じ。毎日当然のことの中にしあわせを発見して欲しいものです。

17
ちょっとした努力で得られるしあわせ

そしてまた自分の働きによって身のまわりのしあわせを感ずることは本当にしあわせなものです。例えば家の縁側のガラス戸がくもっていたら、日曜日の朝、皆より早く起きてお母さまが朝の仕度をしていられる間に綺麗に磨きあげ、朝御飯の時にはすっかりガラス戸が綺麗になっていたらどんなにしあわせを感ずるでしょうか。また靴やゲタなど家中の履物をすっかり綺麗にしてさっぱりした後のしあわせも忘れられないものですね。

18
メーテルリンクの青い鳥のお話によせて

皆さんはメーテルリンクの『青い鳥』のお話を知っていますか？　貧しいきこりの子供のチルチルとミチルの兄妹がしあわせ――「青い鳥」――をたずねていろいろな国へ行くお話です。お話はクリスマス・イヴから始まります。チルチルとミチルはクリスマスのプレゼントもなく、御馳走もクリスマスツリーもない、貧しい兄妹なのですが父母のキスを受けてしあわせなねむりにつきます。二人はそれだけで充分しあわせだったのです。

19
自分たちにないしあわせに感じた不満

ところが夜中にふっと目をさますと暗い自分たちの部屋に隣の家からの灯がさしているのに気づきます。窓からのぞくとその隣の家では子供たちがクリスマスツリーの木のまわりで愉しそうに遊んでいます。御馳走も山のようです。チルチルとミチルはそこに自分たちにはないしあわせを見て今まではちっとも感じていなかった不満をちょっと感じたのです。そこへ不思議な妖婆が入って来て青い鳥はいないかと聞くのです。

20
チルチルとミチルにふとさした魔のこと

チルチルとミチルの部屋には一羽青い鳥がいるのですが、おばあさんは「もっともっと青い鳥でなければ」と言うのです。私たちの生活には「魔がさす」ということがありますね。自分たちの持っていないしあわせに不満を感じたチルチルとミチルにさした魔が、このおばあさんなのです。そしてしあわせの青い鳥はちゃんといるのに「もっと青い鳥」つまりもっと大きなしあわせを探して、チルチルとミチルは旅立って行きます。

21
思い出は美しくそして愉しいものだが

二人がまず最初にたずねたのは「思い出の国」です。ここには死んだおじいさん、おばあさん、兄妹たちがいます。花が綺麗に咲いて蝶々が舞って美しい国です。そして青い鳥もいます。けれど二人が貰ったその青い鳥は「思い出の国」を出た途端《とたん》に黒くなってしまったのでした。思い出はたしかに愉しく美しくしあわせなものです。けれどそれはあくまで思い出で、思い出から離れてしまえば本当のしあわせではなくなるのです。

22
青い鳥は結局二人の身のまわりに

それからチルチルとミチルの二人はいろいろな国を旅してしあわせの青い鳥を探しまわります。けれど本当のしあわせはとうとう見つけることが出来ず、このお話の最後は二人の夢がさめたところです。二人が目をさますとクリスマスの朝の陽ざしのあたたかい窓辺にいつもの青い鳥が美しくさえずっています。「あっ、ここにいた」と取り出した途端、青い鳥はパッと飛び立って二人の手から離れてどこかへ飛んで行ってしまうのです。

23
あなたの青い鳥はあなたのまわりにいる

二人が一生懸命探していた青い鳥は家の中の、しかも枕許《もと》にさえずっていたのです。今の生活がしあわせと発見し、見つけたと喜んでそれをじっと摑んでいようとすると、しあわせは逃げてしまったのです。皆さんおわかりですか？　青い鳥がいつも家の中に自分の身のまわりにいることを感じていつもしあわせでいるには、一生懸命今までのように努力しなければいけないのです。努力してこそ本当の青い鳥が見つけられるのです。

若きウェルテルの悲しみ　1958年

アルルの女　1959年

「美しくなる」ということは、他の人たちをアッと言わせるような美しさを見せびらかすことではありません。また、決してゼイタクなことをするというのでもありません。着飾ったりお化粧したりすることは忘れていても、身だしなみだけはいつも心がけて欲しいものです。身だしなみの本当の意味は、自分の醜くい所を補って、自分の姿がいつも他の人々に快く感じられるように、他の人があなたを見る時に、明るくなごやかな気持ちになるためのものだということを忘れないで下さい。

1956年５月号

〝女らしさ〟ということ

1957年９月号

〝女らしさ〟を感じさせること

あなたがたジュニアに、身につけてほしいと思う〝女らしさ〟を思いつくままに幾つかあげてみましょう。

きれい好きということ。例えば、男の子が一人で下宿している場合、一カ月も満足な掃除もせず、洗濯物もためて押入れにつっこんであっても、勉強や運動に忙しくて時間がないと言えば、決してほめたことではないけれども、許されることです。ところが女の子が一人でいる場合、足のふみ場のないちらかった部屋にいて、汚れた下着などを着たりしていたら、いくら勉強に忙しいと言っても、それでは仕方がないですねと素直に受け入れてくれることは、まずありません。

それからテーブルクロスやカーテン、その他、家の中を美しく彩る神経。生活の中で、色彩的なものを敏感に感じとって、家の中を美しく彩ること。

恥ずかしさを忘れた女の人はおよそ美しいものではありません。かといって、決してハンケチを小さくたたんでもじもじしているのを女らしいというのではありません。

それから言葉づかいなどもそうです。先にも言ったように、男っぽい言葉づかいをするから女らしくないのではなくて、たとえ乱暴な言葉を使っていても、相手がいやがったり恥をかいたりするようなことを言わないよう、周囲に気を配りながら話すことなど女らしさに含まれます。

男の責任、女の責任

一軒の住居を作る時、山から太い木を切って来て、土台の石を組んだり、毎日のみの音もさわやかにたくましく働くのが男の仕事です。それから女はあたたかい真心で仕事場に食事を運んだり、お湯をわかして汗を流してあげましょう。そして立派に家が建ったなら、お部屋に美しいカーテンを吊り、きれいにお掃除をして一番楽しく暮らせる家具の置場を考えて、テーブルに花を飾るのも女の役目です。高い所に上って釘を打ったり重いバケツを持ったりする時には男の人がてつだってそんな二人の協力でやがて立派な住居が出来あがるのです。このように男と女のすることの性質は自ら違ってこそ一つのものが立派にまとまるのです。

最近では、いわゆる女らしい神経を持っていないことを、一つの魅力のように心得て、意識的にそれをひけらかしている人がいます。「お料理は？」「大嫌い、ごはん炊いたこともないわ、外で食べるほうが好き」「お掃除は？」「五日に一度かな」などと、昔なら一人前の女として全く扱われないようなことを平気で言う人がふえ、それがまた大いばりで通用しています。

生活の責任を持たなければならない男の人が、働くことを嫌いなのは困るように、女の責任を自覚しない

女の人は、しあわせな明日を迎えることがむつかしいと思います。

天性を発揮する

〝女らしい〟と言われることを、恥ずかしがる人や、軽蔑する人がいたとしたら、それはおかしなことです。それは〝女である〟ことを恥ずかしがり、軽蔑するのと同じで〝女らしさ〟ということを曲解している証拠ではないでしょうか。

また〝女らしさ〟を失うことと、男女同権とは別問題です。男女同権は、男も女も人間として同じ権利を持つということで、男女が同じ質になるということではありません。

本当の意味の〝女らしさ〟ということは、とてもすばらしいことです。

あたたかい、やさしいこまやかな思いやりを、何時も心の中にはぐくんでほしいと思います。人間は誰だって、もちろん男の人にも、やさしさや思いやりは必要で男の人だから持たなくてもいいという性質のものではありませんけれども、特に女の人にその心を持ってほしいと思います。何故なら、ふつう女の人は男の人よりも、生来特にそういう資質に恵まれているからです。そしてその天性を内にはぐくみ、発揮することによって、誰よりもその女性自身が美しい輝きを増し、家庭が、そして世の中が一層明るくて、彩り深いものになるからです。僕は、それが本当の〝女らしさ〟だと思っています。

あなたも〝しあわせな明日〟のために、このすばらしい〝女らしさ〟を身につけましょう。

パレアナ　1956年

「ジュニアそれいゆ」表紙　1958 年

ジュニアのあなたの毎日の生活は美しい心の人になるように心がける毎日にいたしましょう。それは他の人から喜ばれるからというだけでなくて、あなた自身の幸福なのですから。ジュニアのあなたたちのころに、そういうことを忘れたり、怠けたり、また気がつかないでいたら、本当の幸福な大人にはなれないのだということをよく考えてみて下さい。

1955年 1 月号

言葉が作る私たちのしあわせ

1959年７月号

「言葉」は何のためにあるのでしょう……。

今月は「言葉」について考えてみることにしましょう。

私たちは毎日毎日、何気なくおしゃべりをしていますが、平均して一人が一日に一万語近い言葉を口にしているのだそうです。その中には軽い冗談など、考え様によっては無意味に近いものも含まれているのでしょうが、いずれにしても、言葉のない暮らしなどは考えることも出来ません。

ところで、その「言葉」は何のためにあるものでしょうか。

もちろん「用を足すためにある」のにはちがいないが、用が足せさえすればそれでよい……というものではないはずです。

お互いが用を足すために「言葉」のやりとりをする、その同じ「言葉」でもちょっとしたつかい方でそれを聞いた人の心がポッと温められて、しあわせな気持ちになったり、また、反対に味気ない不愉快な気持ちで、生きているのもいやになることさえあるのです。

それというのも「言葉」にはそれを口にする人の心の温かさ、冷たさが必ず反映されるからなのです。

誰にでも経験をしたことがあることと思いますが、話しあっていることそのものは、少しも不愉快なことではないのに、聞いていて何ともいえない不愉快な思いにさせられたり、逆に、あまりうれしい様な話ではないのに、ほんのちょっとした相手の温かい言葉づかいから、気分がスカッと晴れわたり、たとえそれがいやな話であっても、その言葉を聞いていると、その日一日が何となくうれしいという様なこともありましょう。

だから、私たちが毎日耳にする言葉の一つ一つが、みんなの気持ちを明るくする様な、いたわりや思いやりのある、温かい心から出た言葉ばかりであったら、どんなにすがすがしい毎日が送れるだろう……とは思いませんか。

そう考えてゆくと、私たちの生活が「しあわせ」な気持ちで暮らせるかどうかは、お互いがかわす言葉によってそれが作られるかどうか——とも言えるくらいです。

ところで、なぜそんなふうになるのかをよく考えてみて下さい。

人をおだてたり、心にもないお世辞を並べていれば、それで相手の心が温まるか、といったら、そんなわけにはゆきません。

「挨拶など無駄なことだ……」という人

私たちのつかう言葉の中には、「お早ようございます」とか「こんにちは」「お元気？」「さようなら」「じゃ

あまたね」などという挨拶の言葉があります。

考え様によっては、人に会うたびにいちいちそんな言葉をかわすのは無駄な様にも、また、馬鹿馬鹿しいことの様にも思われるかもしれません。

しかし、そのつまらない言葉がどんなに人間の心を温めてくれているか、ということを考えてみたいものです。

何かの本に、——日本人は他人の生活にたち入りすぎるところがある。例えば道で知人に会ったような時「こんにちは、よいお天気ですね」と言ったらその後で「どちらへお出かけですか」などと尋ねているが、相手がどこへ行こうが、そんなことまでたち入る必要はないはずだ。

また、そんなこと聞かれてみても答えられない場合もあるはずだ……、全く迷惑な話である。第一、人がどこへ行こうとそんなことはその人の勝手ではないか。そのくせ「ええちょっと」などと答えると「ああそうですか」とさっさと別れて行ってしまう。

全く無駄なやりとりで、そんないいかげんな答えですむのだったらはじめからどこへ行くかなど聞く必要もないものを、全く日本人は無駄なことを言いたがるものだ……。

また「よいお天気ですね」と言う習慣も全くおかしなことで、天気は良かろうが悪かろうが、人間の手ではどう変えることも出来ないし、そんなに天気のことを気にしているのだろうか。

また「お元気ですか」と、別に相手が元気かどうかをふだん気にしていたわけでもないのに、さも相手のことを気づかっていた様な顔をして言う。

そうすると「ええ、ありがとうございます。あなたは？」とまた相手も心にもないことを言えば「おかげ様で」と言いかえす。何もその相手のおかげで自分が元気に暮らしているわけでもないと思っているくせに、全く日本人の挨拶くらい無駄で馬鹿げたものはない——と書いてありました。

この世の中に「挨拶」などが一切なかったら

もし、その本を書いた人の言うことが正しくて、世の中から軽い挨拶の言葉などというものが一切なくなったとしたら、そして、必要な用件だけしかしゃべらない世の中があったとしたら、私たちの生活は、どんなに味気ないものになってしまうかわかりません。

いいえ、そうではなくて、人間は独りぼっちでは生きていられないものです。

お互いにいつも仲よく、心と心を温めあって生きていたい、とそれをいつも心のどこかで強く願っている、その心が自然にそんな「挨拶」の言葉をつくり出してしまったのではないでしょうか。

皆さん方は、やがては学校生活を終えて、就職される方も多いでしょう。また、もうお勤めに行っている方もあると思いますが、毎朝会社で顔を合わせたら、まず「お早ようございます」の挨拶をします。

よく考えてみると、無意識で言っている「お早よう」という言葉は、何を意味しているのかもよくわからない様な言葉です。きっと「今日も早くからごくろう様です」と言うかわりではないかと思います。

でも、もしあの言葉がなかったとしたら、朝誰かと一番はじめに顔を合わせた時にはどうしたらいいのでしょう。

別に用はないのだからといって皆がだまって机の前に座って、だまって仕事を始めたとしたら……永い間には誰の顔にもキット暗いかげが出来て、陰気な性格の人ばかりになってしまうことでしょう。

朝、すがすがしい気持ちで、元気に「お早ようございます」とお互いに挨拶をかわす、たったそれだけのことがどんなにか私たちの暮らしを明るくしていることでしょう。

何となく気が合わなくて、いがみ合っていた様な二人が、もし朝の「お早よう」も言わないで、だまっていたとすると、その二人が仲良くなる日はいつまでも望めないかもしれません。

でも朝のすがすがしい気分で、お互いがたったひとこと「お早ようございます」と明るくほほえみかけたら、二人の間のみぞはさほど大きなものにはならないばかりか、ひょっとすると、だんだんそのみぞはせばめられて、そのうちには仲良しになるかもしれません。

それを考えても、一人一人のかわすどんなに軽い挨拶の言葉も人間の生活にはなくてはならないものだし、また、挨拶はお互いのしあわせをねがう真心のあらわれなのだから、心をこめたものでありたいものだ、ということがよくわかっていただけたと思います。

どんなわがままだって許される親子の間でも、朝の「お早よう」という言葉から一日は始まるのです。

あなたの言葉にはトゲが含まれていませんか

また私たちが、うっかりして言った言葉が、相手の人の心を傷つけている様なことはないでしょうか。

例えば、お友達が新しいドレスを作ってはりきっている時に、「すてきねえ、そのドレス」と、あなたが温かい気持ちでそう言ったとしたら、「お母さまに作っていただいたのよ、だから今日うれしくって」と、はずんだ声で答えてくれるにちがいありません。

もし「そうでもないわ」と言ったとしても、心の中では「ウフフフ」と明るい気持ちでいっぱいでしょう。

しかし「すてきね」と言っても、それに続けて「今までよりはずっとましになったわネ」とつけくわえたとしたら、言われた人の胸にはコツンと何かひっかかったような、不愉快な感じしか与えることは出来ない

でしょう。

僕の所によく遊びに来たP子さんのこと

昔、僕の所へよく遊びに来た女の子の中にP子さんというとてもはっきりしたものの言い方をする人がいました。

「私ってすごく正直なので、すぐ本当のことを言ってしまうのよ」

何でもズバズバ言ってのけられる自分の性格を少々得意な様子の見えるP子さんでした。また、P子さんは「お友達がみんな、そういう所があなたらしいのよ、そこが良い所だわ、と言ってくれるのです」とも言っていました。

やがて学校を卒業し、お勤めに行くようになってもP子さんの話しぶりは少しもかわりません。そのうちに、いつもP子さんと一緒に連れだって遊びに来ていたお友達が、P子さんと別行動をとっていることに僕は気付きました。

そのお友達の一人に「最近どうしてP子さんと一緒でないの?」と、僕がいぶかりながらたずねてみても「ええ、それが……」と言葉をにごして話してくれません。

やがて僕の耳にもお友達みんなが、P子さんを敬遠しているのだということが入って来るようになりました。みんなが「P子さんの様に失礼な人は知らない」と言っているのです。

ある時も、お友達の一人がお姉さまの赤ん坊を抱いていた時、ちょうどP子さんが通りかかったのだそうです。するとP子さんは、「まあ、この坊やなんて変な顔してるの……ちょっとオットセイに似てると思わない?……ホホホホあなたとそっくりだわ」と言ったのだそうです。その場は二人で笑い合ったのだそうですが、そのお友達の心はP子さんの言葉によってすっかり傷つけられてしまいました。

ひょっとしたら、その赤ん坊の顔が本当にオットセイに似ていたし、また、そのお友達の顔にも似ていたので、P子さんは思ったままのことを正直に言ったのかもしれません。

だから、P子さんは自分のそんな言葉を「正直」なのだと考えている様ですが、それは正直ではなくて、思いやりがないから出る言葉ではないでしょうか。「正直」と言うのは、人間と人間が生活してゆく中で、お互いに幸福に生きてゆくためには、どうしてもなくてはならないものなのです。

ところが、P子さんの「正直」は、人が幸福になれるどころか、心を傷つけられて、不幸な気持ちになってしまうのですから、全く反対のものだと言えるのではないでしょうか。

P子さんの話し方は一事が万事、その調子なので、はじめのうちは、明るくてハキハキものの言える人だ、と良い印象で仲良くなる人も案外に多いのだそうですが、そのうちにだんだんいやがられて、最近では次々にお友達がかわって行くのだそうです。

P子さんの友達になった人も、めずらしい間は、自分たちには言えない様な言いにくいことでもケロリと言ってしまうP子さんの性格が、たしかに魅力の様に思えて「そこがP子さんらしくて良い所よ」と言っているのですが、サテ自分が言われる立場になったり長い間のつきあいになってみるといやな気持ちになる、そしてだんだんはなれて行ってしまうのではないでしょうか。

それでもP子さんは、自分の言った言葉がどれだけ相手の心を傷つけたかに気がつかないで、「心にもないお世辞を言う人って大きらい。私なんか何でも思ったことは正直に言うのよ」と言っています。

学生時代は、家に帰ればそれぞれ家庭はちがっていても「学生である」ということでお互いの環境がちがっている様にはさほど感じないものです。

だから、P子さんの様な話し方でもよいかもしれませんが、その時代を過ぎると、皆それぞれちがった生き方をして、別々の道を進み始める様になってくると、今までは何とも思わなかった様なことが、胸にコツンとひびく様にもなるのです。

本当に魅力のある「言葉」をつかいましょう

いろいろ「言葉」について考えてみましたが、本当に話題はいつも愉しいものを選びたいものです。しかし、どんなに愉しい話でも、思いやりがあって、相手を傷つけない様な言葉をたえず忘れないで欲しいものです。

人間と人間とは「言葉」によってつながれているのです。といっても、本当は「感情」によってつながっているのかもしれません。しかし、その感情はだまっていては相手に通じないのだから、その感情はやはり言葉にかえて相手につたえているのではないでしょうか。

それなら、やはり人間と人間のつながりは、言葉によって結ばれていると言っていいのだと思います。

あなたが本当にしあわせになるには、誰からも愛される人になることです。

それには、あなたが思いやりのある温かい心の持ち主になることではないでしょうか。そしてあなたが、そんな温かい心の持ち主になったら、あなたの「お早よう」とか「こんにちは」の挨拶は、相手の胸にこころよくひびくにちがいありません。

この「ジュニアそれいゆ」の読者の皆さんの一人一人は、美しい、温かい言葉をつかう人になって欲しいと思います。

風にのって来る思い出

1956年５月号

風にのって来る　思い出

五月の緑の季節の風のここちよさ——まわり中に若葉の薫りをあふれさせるような気がします。薫風《くんぷう》というのがいかにもぴったりする五月の風ですね。そんな五月の風が若葉の香をのせて、頬をかすめて通ると、遠い、ずっと前のできごとが、ふっと、ちょうど風のように、頭をかすめることがあります。そしてその思い出は、次から次へとひろがって行って、そのころのことが後から後からと思い出されて来るものです。

思い出は何度も　よみがえる

そしてまた、よく考えてみると、そのずっと前の思い出は、この五月の季節の緑の若葉の香をのせた風が、頬をかすめる度に、今まで何度もあなたの胸によみがえったのではありませんか？　あなたのその思い出は、なつかしく愉しいものばかりでしょうか？　もしそうだとしたら、本当にあなたは幸福な人と言えます。けれど、思い出の中には、不愉快ないやな、忘れてしまいたいというようなものもあるのではないでしょうか。

あなたの今の　生活が思い出に

思い出とは、過ぎ去ったある日のことを、何かの折にふっと思い出すだけのことだとしても、それは、皆あなたたちの過ぎ去った日の生活なのだということを考えてみたことがありますか？　あなたの過ぎ去った日の生活が、そのまま胸によみがえって来るのが思い出なのです。ですから、今あなたたちが何気なく過ごしている毎日の生活も、やがてこれから幾年、幾十年過ぎた日に、思い出となって返って来ることにもなるのです。

思い出は美しく　愉しくありたい

もしあなたが、毎日良いジュニアであろうと心がけて、苦しいことにも負けないで一生懸命努力し、年上の人を尊敬する心を忘れずに美しい毎日を過ごしていたら、今ももちろん幸福ですし、幾年か後の思い出も、きっとなつかしく愉しく美しいものに違いありません。そして何かの折に、ふとあなたの心をかすめる思い出が、皆美しいものばかりだとしたら、きっとあなたは幸福な思いで胸がいっぱいになるでしょう。

毎日の生活には　悔《くい》が残りがち

ところが私たちの生活というものは、一生懸命良くしようと心がけていても、ふとした何かのはずみに、悔《くい》を残すようなことが起こりがちなものです。例えば、あなたはあるお友だちのことで、とても癪《しゃく》にさわったことなどありませんか？　そんな時癪にさわったまぎれに、そのお友だちの悪口を他のお友だちに実際より以上にひどく言ったり中傷したりしたために、そのお友だちをすっかりおとし入れたということも起こってきます。

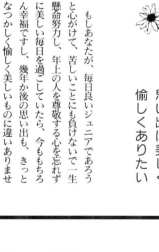

悔はいやな悲しいもの

そのようなことになった時、あなたはそのお友だちに対して「ああ、悪いことをしてしまった」と大きな悔を感じるに違いありません。たった一つ、そんな悔があっても、ずい分といやな悲しい気持ちになるでしょう。それが、いくつもいくつも悔があったとしたらどうでしょう。しかもその悔の原因が、あなたが悪意で人をおとし入れたためだったりしたら、毎日はずい分いやな気持ちで過ごさなければならないでしょう。

悔が思い出となってよみがえる

今の毎日がいやな気持ちばかりではありません。いつかだんだん日が経つ中に、悪いことをしたということも薄れていって、そのお友だちと仲直り出来たとしても、ずっと後になって、何かの折にそのころのことをふと思い出したりした時、それに続いて「私はあの方にあんなひどいことをした」とまた心によみがえって来たとしたら、あなたはきっと暗い悲しい気持ちになるでしょう。

ある一つの話から——1

ある女の人から、こんなことを聞いたことがあります。その人はあまり豊かでない家に育ったのだそうですが、ある時、お友だちと一緒に出かけることになり、制服でないもので行きましょうと約束したのです。その人は適当なドレスがないので、どうしても新しいものを作って欲しいとお母さまに強くねだったのですが、お母さまはなかなかその願いを聞き入れてくれません。けれどその人も自分の決心は変えません。

ある一つの話から——2

そして「皆が持っているのに私だけがないなんて、ずい分私は不幸だわ。お母さまは親の資格がないんだわ」と言ってしまったのです。するとお母さまは何か決心したような表情になって、やっと許して下さったのです。そして新しいドレスが出来た時、その人の心の中にはちょっと悔が残りながらも、満足の気持ちがずっと強く、よろこびと幸福を感じました。ところが今となると、悔ばかりが思い出されると言うのです。

今の幸福な生活がやがて美しい思い出に

今、ちょっと愉しい思いをしたとしても、後になってそれがいやな思い出となったら、ずい分悲しい不幸なことです。そしてそんな悲しい思い出が、一つや二つでなく沢山あって、くり返しくり返しあなたの胸によみがえって来ることを考えれば、あなたの今の毎日の生活が、やがてあなたの胸をかすめる思い出をなつかしいものとするか、不愉快なものにするか、大そう大切な鍵となることがよくわかると思います。

美しい愉しい思い出のために

あなたの持っている思い出が、皆嬉しいなつかしいものばかり沢山だったら、あなたの生活はますます愉しい幸福なものになりますし、反対にいやな不愉快な思い出ばかりを持っていたとしたら、本当に愉しい幸福な生活は出来ないことになるでしょう。ジュニアの皆さん、今あなたたちは美しい愉しい生活を一生懸命心がけて下さい。やがて良い大人となって、美しい愉しい思い出を持つ幸福な人となるためにも——。

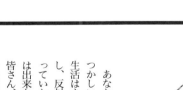

■雑誌の仕事■

中原淳一は生涯を通じて女性のための雑誌を作り続けました。
淳一の原稿発表の舞台ともなった代表的な雑誌を紹介します。

「少女の友」
19歳からスタートした「少女の友」（実業之日本社）の挿絵で絶大な人気を得、以後8年間、表紙、口絵、挿絵、そして付録や編集まで担当。編集者として仕事の原点であり、この時期、少女雑誌のあり方について考えを深めた。

「きものノ絵本」 などのスタイルブック
1940年、日本で初めての和製スタイルブックを発行。きものは着るものの総称で洋服をさした。通信販売方式で爆発的な売れ行きを示し、その後、夏と秋の年2回、タイトルや対象とする年齢層を変え、淳一が病で倒れるまで出版された。

「それいゆ」
（1946年～1960年・63号）
自ら手がけた初めての婦人雑誌。終戦後、夢多き女学生までが食料の調達に目の色を変える中、夢と希望を取り戻し、物はなくても、真の意味での美しい暮らしを提案する雑誌を作ろうと決意。創刊号は瞬く間に売り切れ、以後14年間、女性の心の渇きを癒し続けた。

「太陽の子、ひまわり。フランス語では「ソレイユ」。気高く、強く、美しくの花言葉をそのままに夢と憧れをこめた新しい形式のスタイルブック「それいゆ」は生活の内面と形式とにわたって次々に知性輝く新鮮な流行を生み出しています。」

「美しくて、賢くて、優しくて、ものを考えることの出来る女性であってほしいと思って、「それいゆ」は生まれたのですが、そんな女性を作るためには、それにふさわしい少女のための雑誌がなければならないと思ったのです。」

「ひまわり」
（1947年～1952年・67号）

「それいゆ」に続く翌年、10代のための雑誌を創刊。戦前の少女雑誌のセンチメンタリズムを排除し、全ページが美しさと楽しさにあふれ、憧れや希望を育みながら、そこから覚えたことが知らぬ間に人間形成に役立つ雑誌作りを目ざした。

「ジュニアそれいゆ」
（1954年～1960年・39号）

パリ滞在中に構想を練り、帰国後「ひまわり」に代わる若い世代のための雑誌を創刊。アメリカナイズされたポップで明るい新感覚あふれる雑誌は男女を問わず、当時の若者に熱狂的に支持された。

「今はお金さえ有れば何一つ手に入らないものはない時代になり、そればかりか必要以上にデラックスなものへ憧れは向けられている、とさえいえる時代です。それならば、これからの私が女性に願うことは何なのだろう、と一つ一つ整理して、新しく生まれる「女の部屋」を作り上げてゆきたいと思っています。」

「女の部屋」
（1970年～1971年・5号）

何度も病に倒れ、10年余の療養生活の後も雑誌作りに対する情熱は衰えず、新たに「女の部屋」を創刊。しかし、一年間に三度も倒れ、やむなく５号で廃刊となった。

時代を駆けぬけた中原淳一

中原蒼二

20歳ごろ

少女から思春期、大人の女性へと成長していく時代を、中原淳一の雑誌と共に過ごした年代の人々の中には、たとえ一面識もなくとも「中原淳一に育てられた」と語る人が少なくありません。それは淳一の雑誌が、売れれば良いというような浅薄な商業主義を嫌い、一貫した美意識と信念に基づいて読者へのメッセージを送り続けていたことの、何よりの証といえるでしょう。

昭和の初期、少女に与えられる雑誌といえば子供だましのような幼稚なものしかなかった時代に、弱冠十九歳の淳一は、「少女の友」の挿絵画家としてデビュー。次第に、子供と大人の間の〝少女〟という微妙な年ごろに読む、もっとふさわしい雑誌があるはずだと考え、挿絵画家という立場をこえて編集会議にも参加するようになりました。淳一が考えた企画は付録を含めて少女たちの絶大な支持を得、以後二十七歳まで、淳一は「少女の友」を舞台に活躍します。雑誌という媒体を通じてどんなことが出来るのか、読者たちに何を伝えたいのか、どのように受け止めてもらえるのか。淳一の雑誌作りの考え方の基本は、若い情熱を一心に傾けたこの時期に形作られていきました。

淳一はこのころすでに絵に添えて文章も書いていますが、淳一の描く少女の絵そのものが、それまでの抒情画とちがい、読者に美しさや喜び、生き方を訴えかける強い力を持つものでした。抒情画から意志を持つ少女へと成長した淳一の絵は、一つの枝葉として後の少女漫画の世界へと受け継がれていくのですが、イラストレーションという新しい分野をも確立していく基となるものでした。

「少女の友」時代

ラジオ出演中

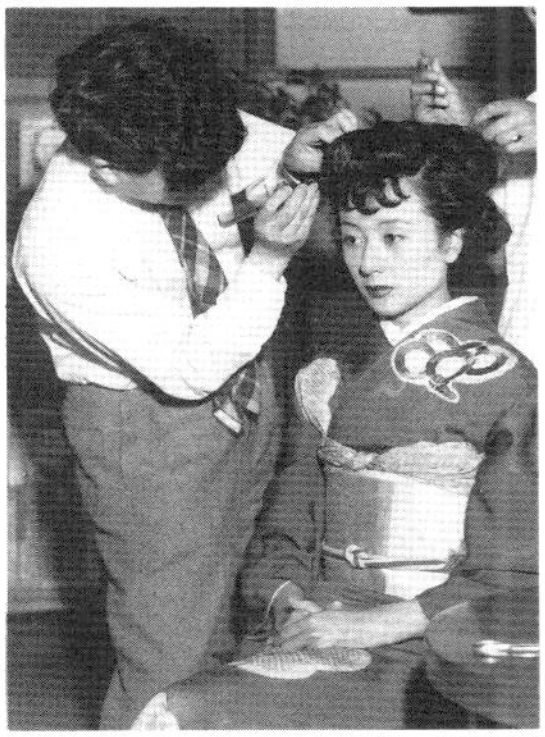

モデルの髪を結う

戦争で仕事を中断せざるを得なくなった中原淳一は、戦後、焼け野原と化した東京で、夢もお洒落も考えることすら忘れ、ただ食べることに汲々としている女性たちを見て、これではいけない、本当の意味で美しい暮らしを知る女性を作りたいと考えて、「それいゆ」を創刊します。

紙の確保さえもままならない状況の中、最初は一冊だけと考えていた「それいゆ」は、女性たちの渇いた心に水がしみ入るように受け入れられ、第二号、三号と続き、淳一が病で倒れる昭和三十五年まで、六十三冊を数えることになりました。

淳一が最初に「それいゆ」を作る時に考えたこと――読んでいるうちに読者がいつの間にか本当の意味での美しい暮らしを知り、優しい美しい、賢い女性になっていくような本を作りたい、という思いは、そのまま「美しく生きる」という、淳一が生涯求め続けたテーマとなって、淳一のその他の雑誌や様々な分野の仕事に受け継がれていきました。

そしてまた、この雑誌を作るために、企画、レイアウト、校正、洋服のデザイン、モデル選び、撮影場所の設定、着付け、ヘアメイク、撮影の演出、中心となる記事やイラストまですべてを自分の手でこなしました。その淳一の才能と人気は他の分野からも嘱望され、テレビ・ラジオ出演や講演会、審査員、芸能界のプロデューサー、シャンソンの訳詞、人形作家としての講習会やスタイル画の描き方の指導、テレビ番組の演出など、活躍の分野はとどまるところを知りませんでした。

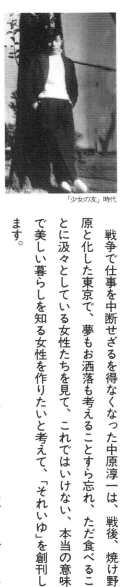

パリの子供たちと

似顔絵を描く

淳一自身は、自分の仕事は雑誌編集者であって、雑誌という媒体をとおして自分が出来ることをやっているうちに、周りから様々な肩書きがつけられたのだと語っていますが、遺されたその一つ一つの分野の仕事は皆一流のものであり、現代に続く先鞭をつけているものが少なくないのです。

ほとんど睡眠時間がとれないほど多忙な毎日を送っていた淳一は、四十五歳という絶頂期に過労から心臓発作で倒れ、翌年、脳溢血を起こすに至って、医師から仕事を禁じられ、十年間の療養生活を余儀なくされます。その後少しずつ仕事を再開はしたものの、結局無理をし過ぎた体は完全に回復することはなく、五十九歳で引退、七十歳で亡くなるまで、海辺の町で療養生活を送りました。療養中の淳一は仕事は出来なくとも美への創作意欲は衰えず、ありあわせの材料でカーテンやテーブルクロスを作ったり、漁師のおかみさんの髪を結ってあげたり着付けをしたり、若者たちの相談相手になったりと、地元でも皆に慕われる存在になっていきました。

この療養生活の間に、淳一が仕事を離れ、誰のためでもなく創作への欲求のままに作った数々の人形が遺されています。自分の古いセーターやはぎれ、小包用のひも、海岸で拾った枝など、身近なもので作られた青年やピエロの人形たちは、人生の哀しみや憂いを秘め、見る人の心に強く訴えかけるものを持っています。

幼いころから「天才」と呼ばれ、そのほとばしる才能に肉体が追いつかないかのように、眠る時間を削って表現し続け、人生を駆けぬけていった一人の芸術家。彼にとって「美しい」とは、外見の美だけでなく、優しい心遣い、思いやり、弱い者や悩む人への愛、謙譲の美徳、清潔なすがすがしさといった人間のあり方のすべてを指していました。そして、日常の暮らしを美しく生きることによって初めて、人生を楽しみ、生きることを喜ぶことが出来る、と考えました。

「美しい暮らし」はただ漫然と日々を暮らすことからは生まれず、「美しさ」というものを知り、ものを考える賢さを持つこと。ものを大切にし、生活の中で様々に工夫する心を育て、実践していくことからこそ生まれる。本当の贅沢とは、そういうことをいうのだと説く淳一の言葉は、ものがあり余っている現代にこそ、いっそう強く私たちの心に響くのではないでしょうか。

(なかはらそうじ／デザイナー・淳一次男)

40歳ごろ

中原淳一略年譜

1913年(大正2年) 0歳
2月16日、香川県で父・郁朗、母・シウの間に4男として生まれる。

1917年(大正6年) 4歳
父に続き、一家で洗礼を受ける。

1928年(昭和3年) 15歳
私立日本美術学校洋画科に入学。

1932年(昭和7年) 19歳
銀座松屋にてフランス人形展を開催。「少女の友」の挿絵、表紙絵、付録などで活動を始める。

1940年(昭和15年) 27歳
麴町で淳一グッズの店、「ヒマワリ」開店。葦原邦子と結婚。軍の意向に反するという理由で「少女の友」をおりる。日本で初のスタイルブック「きものノ絵本」発行。

1946年(昭和21年) 33歳
「ヒマワリ社」(のちに「ひまわり社」)設立。婦人雑誌「ソレイユ」(のちに「それいゆ」)創刊。

1947年(昭和22年) 34歳
月刊少女雑誌「ひまわり」創刊。

1950年(昭和25年) 37歳
初の日本製ミュージカル「ファニー」を上演。脚本や演出、装置、衣裳、宣伝美術を担当。

1952年(昭和27年) 39歳
「ひまわり」12月号で廃刊。

1954年(昭和29年) 41歳
「ジュニアそれいゆ」創刊。

1959年(昭和34年) 46歳
仕事中、脳溢血で倒れ、約10年間の療養生活を送る。

60年(昭和35年) 47歳
「それいゆ」8月発行の63号、「ジュニアそれいゆ」10月号で廃刊。

1970年(昭和45年) 57歳
「女の部屋」創刊。病に倒れ、1年で廃刊。

1983年(昭和58年) 70歳
4月19日、永眠。

平凡社の中原淳一の本

〈コロナ・ブックス〉87
中原淳一エッセイ画集2
ひまわり
みだしなみ手帖
文・画＝中原淳一
編＝コロナ・ブックス編集部

〈コロナ・ブックス〉125
中原淳一エッセイ画集3
結婚
二人のしあわせ
文・画＝中原淳一
監修＝中原蒼二

〈コロナ・ブックス〉217
［新版］
中原淳一 きもの読本
著者＝中原淳一
監修＝株式会社ひまわりや

中原淳一の
ひまわり工房
編＝中原すみれ

〈別冊太陽 日本のこころ〉266
中原淳一の
ジュニアそれいゆ
十代のひとの美しい心と暮しを育てる
編＝別冊太陽編集部

新版の刊行にあたって

『中原淳一エッセイ画集　しあわせの花束』は、中原淳一が昭和二十年代から四十年代にかけて雑誌に書き残した文章を新たに一冊の本としてまとめようという初めての試みでした。取捨選択を繰り返して選ばれた言葉たちを収録したこの本は、二〇〇〇年に刊行、幸せなことに多くの読者の共感を得て、第十八刷まで版を重ねてまいりました。心より感謝を申し上げます。

初版から二十五年という年月が経ち、書籍を取り巻く環境も大きく変化しました。デジタル化が加速し、誰もがスマートフォンを持ち、多くのことがその中で解決できてしまう、その便利さが当たり前になっている時代です。淳一の言葉についても、「本から好きな言葉のページを写メして持ち歩いている」という声も聞こえてきて、そういう方法もあったのか！と新たな発見をしたり、ＳＮＳの普及によって、言葉を届けることのできる早さや広がりが増したことも実感します。

でも、初版の「はじめに」にあるように、「しあわせになりたい」と願う気持ちが、どんなに時代が変化しても変わることがないように、淳一が語る言葉もまた、しあわせになるための「気づき」を与えてくれるものとして、やはり古びることがないという気がします。

淳一が最初に執筆した時から数えるとおよそ九十年という年月が経っています。もちろん時代の変化によって、現代にはそぐわないと感じられる視点も多くあるでしょう。でもその底に流れるメッセージは、今も年齢や性別に関わりなく、多くの人たちの心にそれぞれの形で根を下ろしていることを感じます。

コロナ禍という、まったく予測していなかった事態を経験したことで、私たちはちょっと足を止めて、「自分の暮らし」を丁寧につむぐことに目を向けるようになりました。そんな原点に立ち返ってみる時に、中原淳一の言葉は、変わることなく私たちの暮らしに寄り添い、人々を鼓舞してくれる存在ではないでしょうか。

中原淳一（なかはらじゅんいち）1913−1983

香川県生まれ。幼少時より絵や造形に才能を示し、18歳の時、趣味で作ったフランス人形が認められたことがきっかけで雑誌「少女の友」の挿絵、口絵、表紙絵、付録等を手掛けるようになり、一世を風靡する人気画家となる。終戦後は、女性に夢と希望を与え、賢く美しい女性になってほしいとの理想に燃え、自分の雑誌「それいゆ」（1946年）「ひまわり」（1947年）「ジュニアそれいゆ」（1954年）「女の部屋」（1970年）を相次いで創刊。編集長として女性誌の基礎を作っただけでなくイラストレーター、ファッションデザイナー、人形作家、プロデューサー、ヘアメイクアーティスト、スタイリスト、インテリアデザイナーなど多彩な才能を発揮。1958年病に倒れ、長い療養生活の後、70歳にて逝去。

［編集部から］

●本書は2000年３月に刊行した『中原淳一エッセイ画集 しあわせの花束』を増補・改訂したものです。

●この本を作るにあたり、原本の旧字・旧仮名づかいを新字・新仮名づかいに改め、誤字・脱字を訂正しました。また、文意を損ねない程度に、一部抜粋・加筆修正した箇所があります。

●第一章〜第三章（36頁〜91頁）の文章は、「女の部屋」の1970年４月号、９月号、11月号、1971年１月号より再編集しました。

●105頁〜127頁の絵と文章は、全て「ジュニアそれいゆ」に掲載されたものです。

制作協力　中原利加子
編集　種村知里（コロナ・ブックス編集部）

【お問い合わせ】
本書の内容に関するお問い合わせは
弊社お問い合わせフォームをご利用ください。
https://www.heibonsha.co.jp/contact/

新版 中原淳一エッセイ画集 しあわせの花束
二〇二五年三月十五日　初版第一刷発行
文・画　中原淳一
編　集　コロナ・ブックス編集部
監　修　株式会社ひまわりや
装幀・レイアウト　中原蒼二
岡田奈緒子
発行者　下中順平
発行所　株式会社平凡社
〒一〇一−〇〇五一
東京都千代田区神田神保町三−二九
電話〇三−三二三〇−六五七三（営業）
［ホームページ］ https://www.heibonsha.co.jp/
印刷・製本　株式会社東京印書館

ISBN 978-4-582-63534-8
落丁・乱丁本はお取り替え致しますので、
小社読者サービス係まで直接お送りください（送料小社負担）。